DISCLAIMER

The author and publisher are providing this book and its contents on an "as is" basis and make no representations or warranties of any kind with respect to this book or its contents. The author and publisher disclaim all such representations and warranties, including but not limited to warranties of merchantability. In addition, the author and publisher do not represent or warrant that the information accessible via this book is accurate, complete, or current.

Except as specifically stated in this book, neither the author nor publisher, nor any authors, contributors, or other representatives will be liable for damages arising out of or in connection with the use of this book. This is a comprehensive limitation of liability that applies to all damages of any kind, including (without limitation) compensatory; direct, indirect, or consequential damages; loss of data, income, or profit; loss of or damage to property; and claims of third parties.

Extra Graphic Material From: www.freepik.com
Thanks to: Alekksall, Starline, Pch.vector,
Dgim-studio, Upklyak, Macrovector
& Freepik.com Designers

This Book Offers Free Bonus Puzzles

Available Here:

BestActivityBooks.com/WSBONUS20

5 TIPS TO START!

1) HOW TO SOLVE

The Puzzles are in a Classic Format:

- Words are hidden without breaks (no spaces, dashes, ...)
- Orientation: Forward & Backward, Up & Down or in Diagonal (can be in both directions)
- Words can overlap or cross each other

2) LEVEL UP THE GAME!

A space is provided next to each word to write new ones, translations or notes. We also offer a convenient **NOTEBOOK** at the end of this edition. It can help you organize your annotations, new words and/or observations.

3) TAG YOUR WORDS

Have you tried using a tag system? For example, you could mark the words which have been difficult to find with a cross, the ones you loved with a star, new words with a triangle, rare words with a diamond and so on...

4) EASY TO CUT!

The Puzzles come with an Extra Large margin to easily cut the page out of the book. Some people may feel it more convenient to solve them this way.

5) FINISHED?

Go to the bonus section: **MONSTER CHALLENGE** to find a free game offered at the end of this edition!

Want **more fun** and activities to **relax? It's Fast and Simple!** An entire Game Book Collection **just one click away!**

Find your next challenge at:

BestActivityBooks.com/MyNextWordSearch

Ready, Set... Go!

Did you know there are around 7,000 different languages in the world? Words are precious.

We love languages and have been working hard to make the highest quality books for you. Our ingredients?

One part easy-to-read print, three parts entertainment, then we add some challenging words and a pinch of rare ones. We brew them with care to serve you lots of fun and an opportunity to solve the best puzzles.

Your feedback is essential. You can be an active participant in the success of this book by leaving us a review. Tell us what you liked most in this edition!

Here is a short link which will take you to your Amazon orders review page.

BestBooksActivity.com/Review50

Thanks for your fidelity and enjoy the Game!

Delta Classics Team

Puzzle 1

◌ा	म	व	क	उ	र	द	◌ं	अ	स	स	व	उ	◌ि	ग
ह	ड	◌्	द	च	◌ा	◌ै	म	◌्	◌ा	◌्	◌्	◌ं	◌ू	त
◌्	ल	◌ा	न	◌्	ज	घ	ज	◌ी	◌ा	व	य	ग	◌ा	स
त	र	ल	◌ू	च	ध	श	◌ा	क	ल	◌ा	◌ा	ल	◌े	◌्
श	ब	ज	क	प	◌ा	द	ड	◌ं	र	ग	व	◌ी	◌ि	व
फ	र	◌ै	◌ा	र	न	◌ी	क	ख	◌ं	त	ह	◌ा	◌ि	◌ा
ध	ख	◌़	◌ं	न	◌ी	◌ी	र	◌ा	ग	ग	◌ा	अ	◌्	स
◌्	◌ा	◌ा	◌ा	ग	क	य	न	ल	◌ो	◌ि	र	◌ू	◌ू	◌्
म	◌ु	व	◌़	र	न	◌ा	◌ा	◌ी	म	व	◌ि	न	ज	थ
छ	ब	स	च	◌ा	ण	◌ी	र	क	ट	◌ा	क	य	ब	◌्
न	र	◌ी	म	स	◌्	◌ि	क	◌ी	◌े	◌ि	◌ी	ल	स	य
अ	◌्	य	ख	◌्	र	य	◌ा	◌्	प	म	च	◌्	◌ा	◌ो
◌ा	◌ा	र	◌ि	◌ो	व	त	◌ा	ल	◌ि	क	◌ा	◌्	◌े	E
◌ॅ	◌ा	◌्	◌ा	न	छ	◌े	◌ि	र	क	क	श	अ	ह	◌ो

वणेन
खाली
तालिका
राजधानी
बुखार
विगत
व्यावहारिक
बैंगनी
उंगली
पेट
स्वास्थ्य
स्वागत
अंदर
रंग
रबर
किस्म
उच्च
प्यार
जानकारी
जूता

Puzzle 2

आ	क	W	◌ी	य	य	ब	◌ी	ज	अ	◌े	◌ु	त	◌ा	◌्
अ	ध	ह	◌ी	◌्	ब	ह	◌ा	स	म	स	◌्	य	◌ा	घ
ध	त	◌ि	त	फ	◌ी	◌ा	क	◌्	म	र	न	◌ा	प	स
◌ि	क	◌ी	क	◌े	◌ा	द	प	◌ा	य	ल	ट	◌ु	◌ो	◌ि
क	अ	प	◌े	◌ा	ह	◌ु	द	त	◌ा	E	प	न	त	◌ी
त	श	◌ै	◌्	ग	र	र	◌ो	◌ि	म	◌ा	◌ि	◌े	◌ि	ब
म	य	म	ख	क	ध	◌ि	स	◌्	ल	◌ा	इ	ड	म	◌ी
◌ी	म	◌ि	ए	ज	◌ा	◌्	क	◌ी	अ	◌ु	य	◌ी	◌ा	च
◌ु	◌ा	◌ि	ज	◌े	◌ु	द	◌ो	ष	क	प	◌ी	◌ं	ह	◌्
◌ि	◌्	य	◌ि	ब	स	◌े	स	◌ा	◌ि	◌ा	न	◌ै	◌ी	क
◌ं	र	श	◌ी	ल	◌ं	ग	◌्	ज	ष	ड	च	क	म	ल
प	◌ि	छ	ल	◌े	द	◌ु	र	◌ं	र	आ	व	◌ो	न	आ
ल	म	◌ा	न	◌ा	र	◌्	थ	स	ग	क	◌े	ग	◌्	र
क	त	य	उ	उ	◌ि	क	ग	र	झ	प	उ	ल	म	स

पायलट
पिछले
स्लाइड
जेब
तिमाही
लीजिए
आधिकारिक
दोष
सुधार
बीच

साहब
कहते
बहादुर
मानार्थ
काफी
सात
अधिकतम
समस्या
अजीब
कैंडी

Puzzle 3

ख	प	◌ि	प	ट	स	ट	न	◌ा	ह	ज	न	◌े	क	◌़
म	◌े	◌ं	ढ	क	◌े	क	◌ी	◌ं	ग	◌ु	न	◌ा	र	◌े
◌ु	ब	ल	◌े	क	◌ि	न	◌ै	ज	भ	व	ञ	घ	ण	◌ा
र	ऊ	◌ि	उ	ल	◌्	ल	◌ू	◌े	ग	आ	न	◌ु	र	◌ी
◌्	◌ा	र	ज	स	◌ा	इ	ट	ट	ल	◌ी	क	ड	◌ी	त
प	न	◌े	◌ा	क	प	द	◌ं	ट	त	◌ा	◌ा	◌़	य	ड
◌ि	म	क	म	◌ी	◌्	अ	ह	◌ा	ब	र	आ	स	◌ा	स
स	श	◌ा	स	च	◌ि	न	ध	श	◌ा	स	न	व	द	◌ि
◌्	◌्	◌़	र	र	ल	प	◌ा	◌ि	◌े	क	◌ी	◌ा	न	द
र	◌ु	ट	◌ी	य	◌ो	त	ट	प	क	ब	ल	र	ल	◌्
◌्	द	त	◌ी	म	र	म	◌्	म	त	◌ा	◌ा	◌ी	ज	ध
त	◌ी	◌ी	L	ल	◌े	अ	म	◌ं	त	◌ा	◌ं	य	◌ी	◌ा
◌्	र	◌ु	◌े	न	◌ा	न	◌ु	ख	◌ा	न	ख	श	आ	◌ं
अ	स	◌्	त	◌ि	त	◌्	व	स	व	◌ि	च	◌ा	र	त

आस्तेत्व
दुश्मन
घुड़सवारी
सिद्धांत
विचार
अधिकांश
लगभग
नीला
समाज
लेकिन
पकाने
साइट
याद
प्रमुख
गुना
सुअर
मेंढक
मरम्मत
स्टील
उल्लू

Puzzle 4

ख	व	स	◌ी	प	म	ज	फ	◌े	◌ा	न	श	◌ु	क	ष
य	ि◌	ल	क	◌ा	च	ल	क	ल	आ	ि◌	त	◌ा	ल	न
द	ह	ल	र	स	◌्	च	झ	◌ं	◌ू	र	स	र	ण	न
क	क	◌़	◌ा	च	छ	न	क	ठ	ष	◌्	◌ृ	प	र	स
◌्	उ	ष	क	ड	र	द	◌ी	◌्	◌्	य	ग	ञ	प	◌्
म	ह	◌ं	ग	◌ा	◌़	प	ट	◌ं	द	◌ा	र	क	◌्	थ
त	ि◌	◌ा	ल	र	अ	◌ी	स	◌्	ब	त	◌्	य	र	◌ा
◌ं	◌्	स	◌ै	उ	म	ज	◌्	र	ह	◌ू	म	◌ा	य	न
अ	◌ा	◌ं	स	र	र	र	◌ो	क	र	र	◌ा	◌ॅ	◌ा	◌ा
च	◌ं	ज	◌ो	ि◌	व	प	◌ी	ट	ड	◌ं	ज	त	स	प
◌ा	◌ा	◌्	न	ब	◌ा	र	ब	ट	य	◌ू	◌ा	ग	द	न
न	च	ञ	र	म	ि◌	◌ा	स	फ	ल	ध	र	द	ह	◌्
क	र	◌ा	न	क	न	◌ा	E	क	क	व	क	न	◌ा	न
◌ा	◌ु	◌े	प	क	श	◌ा	ध	◌्	◌ु	न	ग	र	र	◌ं

लैसो
शनिवार
नींबू
सटीक
राजमार्ग
जगह
महंगा
पृष्ठ
मच्छर
अचानक
पास
बार
रोक
खिलाड़ी
प्रयास
कारक
सफल
स्थानापन्न
संज्ञा
निर्यात

Puzzle 5

द	र	द	◌ा	न	द	थ	त	◌्	ठ	त	र	◌्	द	ल
◌ी	◌्	ह	◌ी	◌ि	द	श	व	य	◌ा	ह	न	◌े	◌ी	◌ो
व	र	न	क	ष	आ	ट	◌्	र	◌े	न	र	आ	◌े	ब
◌ा	◌ो	य	छ	◌्	◌ा	क	◌ि	ज	द	न	◌े	न	◌ु	स
र	◌्	स	◌ु	क	◌ृ	श	◌्	◌ी	ब	◌ा	ब	◌े	◌े	◌ं
◌ॅ	य	त	आ	र	स	म	◌्	र	म	◌े	ढ	च	थ	ख
ग	य	◌ा	प	◌्	◌्	ल	◌ा	ह	◌ा	स	ण	◌े	र	◌्
प	◌े	क	◌ा	ष	य	ह	ब	◌ा	त	म	◌े	ब	◌्	य
त	◌्	ट	◌्	द	इ	र	◌्	◌ु	ख	थ	क	ह	म	◌ा
व	व	क	स	◌्	ट	◌ा	फ	क	L	र	र	◌़	◌ा	न
र	क	◌े	श	स	◌े	म	◌ी	च	◌ि	◌्	श	प	म	ज
◌ा	म	◌ै	◌्	य	◌े	न	◌ै	र	◌्	प	◌ि	◌ं	◌ी	ल
म	ल	ज	◌ो	◌्	ब	स	◌्	म	ग	◌ि	◌़	प	ट	◌ी
◌्	◌्	◌ा	◌ु	क	द	◌ा	◌्	प	म	◌ी	क	र	र	◌ा

बेचने
संख्या
थर्मामीटर
कछुआ
गेट
ताक
निष्कर्ष
सुनने
सब्जी
दीवार
लहर
सेना
हाल
प्रथम
ट्रेन
ठहरने
जैकेट
पश्चिमी
स्टाफ
आक्रामक

Puzzle 6

न	◌ा	◌ि	ध	◌ु	आ	◌ं	ह	स	न	ण	ण	◌ी	◌ी	स
प	व	ग	स	य	ब	◌्	झ	ख	◌ं	◌ी	म	न	◌्	ब
ल	प	न	◌ा	श	आ	व	क	◌्	र	क	र	◌ा	◌ु	◌ू
ढ	◌े	◌्	◌्	ढ	म	ए	◌्	ध	◌ि	द	◌्	◌ृ	व	त
च	क	◌्	क	◌ी	◌़	प	ह	◌ि	य	◌ा	क	ष	ज	◌े
आ	◌ा	म	ब	क	◌ि	◌ा	◌ु	◌्	म	प	आ	उ	◌े	त
ञ	य	ल	◌ा	श	म	अ	त	र	अ	◌ा	◌्	त	◌ो	प
उ	म	◌ो	ज	प	◌ि	◌ा	द	◌े	◌ा	र	◌ं	◌्	म	न
द	य	अ	क	र	न	◌ी	त	न	क	द	ब	स	अ	◌्
◌्	श	र	◌ी	न	व	◌े	च	◌ि	◌ा	र	क	◌ा	◌ी	न
अ	ग	◌्	न	◌ि	श	◌ा	म	क	न	◌्	ध	ह	ख	◌ा
ध	◌ो	ख	◌ा	क	त	◌ृ	◌ि	स	◌ा	श	स	◌ि	◌ा	ब
भ	◌ा	ग	◌्	य	श	◌ा	ल	◌ी	उ	◌ी	◌ी	त	◌ि	च
◌्	र	◌़	◌ो	◌ै	◌ा	◌़	प	र	म	ट	ग	य	◌ि	◌े

बक्सा
आशा
लोअर
धोखा
अग्निशामक
गाढ़ा
कान
मोजे
मापने
पारदर्शी

चक्की
सबूत
संक्षेप
वक्र
उत्साहित
धुआं
आक्रमण
वृद्धि
भाग्यशाली
पहिया

Puzzle 7

स	◌ं	य	ञ	च	◌्	व	न	स	य	◌ं	◌ू	य	◌ू	◌ु
◌ं	◌्	◌े	क	ट	श	म	◌ि	न	क	◌ं	र	स	◌्	ज
ब	स	◌्	म	न	◌ि	स	स	त	र	त	च	◌ं	इ	◌ा
◌ं	र	क	र	न	◌्	व	र	च	र	ब	न	◌ा	न	◌े
ध	क	ह	◌ै	प	र	य	◌े	र	◌ि	◌ि	◌ृ	म	य	क
श	◌ा	व	◌ो	स	◌े	व	प	◌ा	न	व	त	र	◌ा	य
क	र	ल	न	र	◌े	न	◌्	द	र	व	स	व	◌्	ज
ड	च	द	◌ौ	ड	◌़	त	स	क	◌ु	द	◌ा	ल	द	◌ि
◌ा	स	ब	य	ग	फ	र	◌्	◌ि	स	ल	र	ल	उ	स
◌्	◌ॅ	ब	◌ू	◌ि	अ	◌्	क	प	◌ा	◌ू	◌्	◌ा	ऽ	क
य	ड	◌्	र	◌ा	इ	व	ए	◌ा	◌ो	◌े	ड	स	प	◌ा
क	म	◌ं	द	◌ि	◌्	◌ि	◌ं	य	ड	ऊ	ग	ह	र	◌ी
न	श	ब	◌ि	◌्	स	र	ल	न	प	अ	क	◌े	ल	◌े
◌ि	◌ं	छ	द	◌े	र	प	म	ह	◌ि	ल	◌ा	ओ	◌ं	त

ड्राइव
इंच
मांस
सचिव
महिलाओं
वितरित
एक्सप्रेस
जिसका
अकेले
परिवर्तन
कुदाल
बनाने
कमंद
सरकार
गहरी
दौड़
उद्यान
सिर्फ
कैसे
संबंध

Puzzle 8

त	र	प	◌ी	◌ि	छ	◌ी	र	व	उ	य	◌ू	◌्	ज	र
◌ा	◌े	व	य	ल	व	व	ट	ह	त	म	◌ा	◌ा	◌़	र
प	क	◌ा	ल	च	ज	म	र	ष	क	◌ो	द	◌्	ब	श
म	थ	ठ	ज	◌ं	◌ा	ख	ध	क	ड	य	◌ू	◌्	त	◌ा
◌ा	न	ब	◌ि	च	प	◌ि	ग	◌ु	◌ि	◌ा	ध	◌ु	◌ा	क
न	क	क	व	न	र	◌ो	◌ु	◌ा	म	◌ॅ	म	◌ं	ई	ल
आ	ह	य	◌ै	न	य	ज	ल	◌ि	◌ी	क	र	◌्	◌ा	प
च	र	◌ि	त	◌्	र	क	◌ा	आ	क	श	◌्	श	अ	प
श	◌ा	ज	क	◌्	◌ी	र	ब	◌्	क	द	त	ख	क	◌ा
उ	◌्	◌्	◌ं	प	द	◌्	◌ी	न	स	◌े	र	◌ा	◌ी	◌ं
प	ग	ण	◌ि	ऊ	◌्	◌ो	न	अ	ब	र	◌ा	ट	◌ि	च
क	◌ा	◌ि	न	ल	◌ं	◌ु	ट	◌ा	◌ै	◌्	क	द	◌ा	स
◌ि	ब	◌ा	प	ज	◌े	ब	◌े	त	◌ं	◌ि	अ	ट	◌्	छ
ल	◌ै	व	◌ं	ग	क	◌ा	◌़	◌ा	क	न	आ	◌ू	◌ा	क

पाके
चंचल
पांच
जोखिम
बैंक
तापमान
कठिन
चला
निर्देशक
शब्दकोष

गुलाबी
दूध
मधुमक्खी
केंद्रीय
बना
ग्राहक
रेस
वाणिज्यिक
जाते
चरित्र

Puzzle 9

ल	ड	◌ि	ग	◌्	र	◌ी	न	अ	◌ू	◌ा	द	क	प	ल
ल	ट	म	ज	ब	◌ू	त	क	◌ो	◌ी	र	◌्	◌्	◌ै	◌ा
त	द	क	ह	ण	र	श	◌्	◌ि	म	य	व	ल	र	स
क	ह	आ	न	य	त	य	◌ा	प	◌ृ	क	◌ी	ब	◌ा	न
न	ई	न	◌ि	◌ा	प	◌ा	न	म	स	◌ो	प	ग	च	क
श	ल	त	ल	ल	◌्	ग	◌्	त	स	क	ह	न	◌ा	र
◌ा	र	◌ु	ख	◌ि	र	व	◌ु	E	◌ा	क	र	◌ी	◌ा	क
◌ि	◌ा	च	A	◌ौ	स	◌ा	◌ी	फ	व	ह	◌ा	◌ँ	◌ा	ह
◌ा	म	◌ि	ह	त	◌ि	◌ं	ई	ल	◌ा	◌ु	ध	य	◌ू	ट
◌ि	◌्	न	ब	आ	द	◌ा	द	◌ी	◌ं	स	प	◌ो	प	ज
क	ल	◌े	◌ा	च	◌्	◌ा	म	च	प	◌ा	◌ा	◌ी	य	न
◌ि	◌ा	न	◌्	◌ू	ध	◌े	◌ं	ब	ग	स	◌्	◌ा	न	त
आ	व	◌ि	ष	◌्	क	◌ा	र	◌ी	◌ू	प	प	अ	ढ	◌़
र	क	◌्	त	◌ा	◌ी	◌ा	स	श	र	◌्	म	ध	अ	र

धुलाई
पसंदीदा
वहाँ
आविष्कार
बंधे
कृपया
लटकना
पूरी
तौलिया
रक्त
पैरा
प्रसिद्ध
शर्म
द्वीप
गुफा
डिग्री
शाम
मजबूत
क्लब
मिश्रण

Puzzle 10

◌्	ट	◌ा	क	अ	◌ा	◌ु	क	ल	त	◌्	◌ि	◌्	ब	श
ग	◌ा	ज	र	म	◌ि	न	न	◌ं	◌्	य	उ	ग	ढ	◌े
◌ु	क	उ	म	◌ृ	ई	ल	न	◌ु	द	स	व	◌े	◌़	य
च	न	◌ा	ग	त	प	◌्	र	◌ा	◌्	प	◌ि	◌ा	◌ा	र
◌़	ञ	ब	र	◌ो	◌ी	आ	◌्	र	य	◌्	न	◌़	न	च
स	◌ा	ख	◌्	◌्	व	व	◌ु	श	◌ा	◌ि	◌ि	◌ं	◌े	र
ग	ज	ह	◌े	क	ड	न	र	ग	ज	च	य	ग	ह	श
प	◌्	र	◌ा	क	◌ृ	त	◌ि	क	त	◌ा	म	◌ा	◌ं	◌ी
न	व	र	◌ौ	भ	त	◌ा	ब	◌ा	इ	◌ो	न	◌ौ	स	र
◌्	◌ि	ख	श	◌ो	ग	य	◌्	न	भ	ह	त	च	म	◌्
प	व	◌ा	◌ो	◌े	ड	◌ा	म	र	प	◌ो	ल	◌ा	◌ु	ष
◌ि	◌ी	◌ो	ग	ज	द	ह	त	त	◌े	ल	द	त	ख	क
◌्	ज	य	र	ज	न	स	◌ै	ख	क	◌ी	म	र	प	द
◌्	ल	र	ख	◌े	द	◌े	म	ध	◌्	य	म	प	◌ि	◌ी

विनियमन
जीवविज्ञान
कार्ड
अमृत
खास
होली
मध्यम
खरगोश
सहायता
गाजर

हंसमुख
खतरनाक
तोता
बढ़ाने
खोजने
शीर्षक
शेयर
प्राप्त
चिप्स
प्राकृतिक

Puzzle 11

◌ी	म	न	◌ी	◌ै	उ	ि◌	ग	◌ा	न	म	ख	र	र	◌ा
◌ा	ल	S	च	प	ड	त	◌ा	ब	थ	◌े	E	ह	ब	ल
ि◌	ल	र	क	ड	◌ी	◌ो	र	घ	द	ल	र	◌ॉ	◌ै	◌े
न	स	र	र	त	ल	प	अ	न	◌े	◌ा	र	ल	ठ	य
अ	ल	प	र	म	व	ि◌	द	ि◌	श	◌ा	ह	◌ा	क	ल
ख	न	◌ा	क	र	व	म	ट	आ	र	ग	र	◌ा	न	◌ा
ब	◌़	स	न	क	द	र	अ	स	ल	न	ट	ई	म	र
◌ा	भ	य	◌ा	न	क	◌ा	◌ै	◌ी	◌े	ग	आ	ध	◌ा	र
र	न	न	ड	क	◌ु	र	क	◌्	व	र	◌ं	द	◌ु	ट
य	ट	◌ा	◌ौ	◌्	च	◌ु	म	◌्	ब	न	म	◌्	न	ड
ह	र	◌े	ख	उ	ल	◌ी	◌ा	प	◌ी	◌ो	ट	◌ु	अ	क
◌ं	स	य	द	◌ू	क	द	च	◌ू	◌ा	ब	ि◌	य	◌्	◌ं
ह	म	◌ा	र	◌े	न	ट	न	क	◌ी	◌ा	क	द	न	ल
L	◌ा	व	य	स	◌्	क	म	◌े	र	म	ट	इ	आ	◌्

आगे
उतर
आइटम
कूप
टिकट
वयस्क
हमारे
टाई
अखबार
चुम्बन
अनुमान
टोपी
नाखून
दिशा
आधार
बैठ
भयानक
दरअसल
युद्ध
हॉल

Puzzle 12

ड	व	◌्	स	ल	◌ि	◌ी	ड	ब	ब	ध	र	◌ु	ख	च
◌ि	◌ि	प	प	ह	क	◌्	◌ो	र	◌े	ल	त	द	◌ा	स
स	श	◌ा	◌ं	◌ि	म	◌ौ	ल	◌ि	क	क	◌्	ह	न	◌ं
◌्	◌े	ल	घ	र	र	◌ी	स	उ	म	◌े	◌ि	क	◌े	च
प	ष	क	न	ण	व	क	च	ब	◌ा	◌ा	च	◌ं	◌ि	◌ा
◌ो	ज	त	स	श	र	◌्	त	◌े	◌ं	र	◌ू	◌े	ग	र
ज	◌्	द	◌ा	◌ा	व	◌ी	◌ा	म	थ	ग	◌ी	क	उ	◌ि
◌े	ञ	◌ा	क	ल	र	ट	प	स	श	◌ि	◌ि	त	क	त
ब	स	◌े	◌ु	म	◌ा	◌ं	◌ि	आ	ल	स	◌ी	ल	◌ी	◌ी
ल	न	◌ू	न	◌ं	व	ब	त	अ	ड	प	ढ	◌े	◌्	न
व	र	ब	ध	र	◌ा	◌ू	◌ा	न	ज	ज	त	◌ा	ह	◌ौ
ट	श	ब	◌्	द	◌्	◌्	◌ा	श	◌ा	ई	ग	ल	ल	◌ु
क	◌ा	श	ध	र	व	ग	म	ई	◌ा	फ	य	◌ि	◌े	च
◌्	य	◌ै	◌्	◌ा	फ	◌े	◌्	य	च	घ	◌ा	ज	◌े	◌ै

ईगल
संचारित
हिरण
खाने
बल्कि
शर्तें
वादा
पालक
शब्द
तालाब
डिस्पोजेबल
चुनौती
नुकसान
बेकिंग
माता-पिता
फव्वारा
आलसी
विशेषज्ञ
मौलिक
चित्र

Puzzle 13

◌ा	प	◌्	श	र	◌ा	न	ट	न	ढ	झ	प	◌ा	◌ी	◌ी
न	स	प	ल	भ	छ	श	र	स	◌़	श	ख	◌े	ष	ब
च	◌ं	◌े	◌ि	◌ा	◌ा	ख	प	◌ं	◌ी	द	र	त	◌ा	श
◌ा	द	◌ा	◌्	व	◌्	ष	य	ब	◌ी	च	◌्	न	◌ा	◌्
◌े	द	त	अ	क	च	न	ण	त	प	न	च	ल	त	य
र	◌ा	ब	र	र	इ	त	म	◌ि	ह	न	स	◌ं	य	ई
◌्	र	क	न	श	◌ा	◌ं	त	◌्	न	त	र	र	च	ष
उ	◌ी	य	त	◌ी	◌ा	फ	◌े	◌ु	◌ा	य	क	व	◌ी	ख
न	म	◌्	◌्	◌्	◌्	य	◌ा	◌ि	ड	◌े	◌्	◌ि	ख	◌ं
र	ट	श	र	◌ी	थ	स	◌्	ट	◌ा	र	ल	व	उ	◌ा
◌ु	◌ि	व	ब	◌ा	च	ई	◌्	त	◌ी	◌ी	◌ा	◌ा	ड	◌़
व	स	आ	म	◌्	◌्	◌ा	ह	◌ा	न	च	स	र	ग	ल
भ	◌ौ	◌ं	क	न	◌े	र	ल	आ	प	◌ू	र	◌्	त	◌ि
◌ं	◌ॅ	द		प	र	न	व	ज	◌ो	ड	◌़	◌ी	च	म

पसंद
पहना
बर्तन
चीख
चाल
कम
जोड़ी
रविवार
भौंकने
मिल

भाषण
शांत
कत्थई
पीढ़ी
इच्छा
आपूर्ति
स्टार
आवश्यक
खर्च
क्लास

Puzzle 14

न	फ	र	क	आ	य	◌े	भ	◌ा	ग	आ	य	◌ो	व	◌ा
ग	◌ि	◌्	◌ा	◌ा	ब	क	◌े	ठ	छ	स	न	म	र	◌ि
◌े	◌ा	◌्	क	स	◌ी	र	ज	म	◌़	◌ं	प	◌़	द	ग
च	◌ौ	क	स	प	स	म	◌ा	◌ि	ध	ग	◌ं	ल	◌्	ल
ट	र	क	◌ी	ल	◌्	ब	◌ं	द	◌ू	क	छ	◌ा	य	◌ा
◌्	ह	य	◌ं	◌ि	ट	र	◌े	◌ं	ट	◌ो	स	◌्	◌े	र
य	◌्	स	ह	◌ो	◌ा	◌ो	◌ा	ड	प	◌ा	ल	ज	◌ी	ध
◌ू	◌े	ल	◌्	स	उ	भ	र	थ	◌ौ	न	◌ो	◌ु	◌ा	◌ी
ब	◌ि	◌्	स	त	◌ी	स	ट	म	म	न	ह	ग	◌ा	म
◌ा	म	ड	◌़	◌ी	◌ा	ख	◌ो	प	य	◌ि	◌ा	न	◌ॉ	◌ा
◌ं	◌ा	◌्	◌े	र	क	◌ं	य	भ	◌ी	म	क	◌ू	र	◌्
ल	ग	◌्	◌ा	य	ल	न	त	◌ा	◌ा	छ	म	◌ा	र	◌ा
◌ो	ड	प	◌़	प	ल	स	म	र	न	◌ॉ	◌े	ल	इ	◌ा
ह	न	◌्	च	ल	क	य	न	छ	ण	◌ा	◌ा	◌े	म	ग

लंबा
खाड़ी
मारा
लोहा
हंसी
चौकस
पीछे
छठे
छाया
बीस

भोर
रेस्टोरेंट
प्राथमिक
हस्तांतरण
जुगनू
भेजा
भयंकर
बंदूक
ट्यूब
धीमा

Puzzle 15

च	क	र	न	म	ग	◌्	न	म	न	प	◌ो	व	र	न
य	◌ा	◌ि	द	त	◌्	◌्	◌ो	म	छ	व	◌ि	◌्	ण	क
च	◌ा	ल	◌ु	र	ड	◌े	स	◌्	क	◌े	क	य	◌े	◌ा
व	◌ा	◌ा	◌ौ	द	स	व	त	◌ा	◌ा	◌्	त	◌ा	च	र
र	◌ो	च	ख	स	प	◌े	श	◌े	व	र	स	य	◌ा	◌ा
◌ो	◌े	◌ू	◌ा	◌ु	त	◌ा	र	र	म	त	त	◌ा	◌ं	त
ब	र	◌ं	न	◌ा	द	न	◌े	◌ो	ह	◌ा	◌ो	म	द	◌्
र	ट	◌ि	फ	क	◌ा	◌ा	◌ा	◌्	◌़	स	प	च	◌ी	म
ट	ए	श	अ	श	◌ौ	क	घ	म	न	◌्	ज	◌ि	◌ि	क
च	◌ि	क	◌ि	त	◌्	स	◌ा	◌ौ	च	◌ि	न	◌्	ग	◌ा
व	थ	न	◌ि	द	◌़	न	◌ॅ	ज	◌ै	व	प	श	प	◌्
स	◌ि	क	◌ि	र	र	श	◌्	◌़	ल	त	म	प	◌े	क
◌ा	र	आ	ग	र	अ	त	ऽ	◌ा	◌ु	च	न	◌े	य	ध
ग	त	◌े	म	य	◌ं	◌ा	◌ा	◌ि	स	ब	च	र	◌ि	◌ा

पेशेवर
चिकित्सा
व्यायाम
होने
खुद
छवि
पश्चिम
डेस्क
तार
मौज़ा

दिया
नाक
धक्का
थिएटर
चालीस
नकारात्मक
विस्तार
सदी
चांदी
चाचा

Puzzle 16

◌्	प	ब	म	न	च	◌ा	◌ि	◌ो	आ	अ	ग	ज	र	ल
न	◌ा	त	म	र	◌ि	श	ड	य	प	व	◌ं	◌ू	◌ा	ड
म	ल	घ	क	क	ड	◌ू	◌्	ण	◌ा	◌ा	◌्	श	ष	◌़
◌ा	श	य	स	◌ा	◌़	◌्	ट	र	त	प	◌ा	क	◌्	क
म	फ	◌ू	ल	त	◌ि	◌्	आ	◌्	क	◌ा	उ	च	ट	◌ि
ल	न	ल	ग	◌्	य	◌ि	◌े	प	◌ा	न	त	◌ं	◌्	य
◌े	च	◌ि	न	ष	◌ा	क	◌ु	◌ू	ल	न	र	◌े	र	◌ो
न	स	◌े	त	◌ा	घ	प	त	व	◌ी	भ	क	प	◌ी	◌ं
ल	◌ा	र	घ	क	र	म	ल	◌्	न	म	न	र	य	न
त	व	स	◌़	◌्	◌ू	क	ट	त	◌ि	र	◌्	ष	◌ं	ख
छ	◌ा	◌ा	ध	◌ा	◌ा	उ	◌े	ह	स	◌ा	ल	त	र	र
प	◌ु	ल	◌ि	स	क	र	◌्	म	◌ी	त	प	न	त	◌ी
◌े	◌ि	व	◌ि	व	◌ं	च	◌ि	त	◌ा	◌ा	द	◌्	द	द
ग	◌ै	आ	न	◌े	ख	◌ि	ल	च	ल	क	◌्	त	त	◌ा

खरीदा
कभी
काम
मामले
निधि
चिड़ियाघर
वंचित
राष्ट्रीय
पाल
साक्षात्कार
पंचकश
लड़कियों
फूल
महत्वपूर्ण
रात
पुलिसकर्मी
लिखने
आपातकालीन
उपाय
अंश

Puzzle 17

च	ल	ट	स	आ	क	◌े	क	क	◌्	न	◌ु	ब	◌ो	प
श	ख	◌्	◌ं	य	◌े	◌ि	◌ि	ल	◌ि	क	◌े	◌ा	ल	त
श	ड	म	म	◌ा	ल	◌ो	प	◌्	◌ि	ड	त	प	ड	◌्
◌्	म	◌ी	ब	त	क	य	र	स	प	◌ै	क	◌ि	ञ	◌ी
ग	◌ा	स	◌ू	झ	◌ो	◌ं	क	◌ा	◌ि	◌ा	ट	त	म	ड
अ	न	◌्	य	प	◌ॅ	◌े	◌ा	र	श	न	ल	◌ा	प	◌ा
W	◌्	◌ो	द	र	क	ज	◌ि	म	◌ा	◌ा	स	र	◌ा	श
व	र	ड	ड	◌ि	प	त	व	क	च	◌ा	ग	ख	इ	◌ा
न	◌ो	न	◌ु	प	◌ॅ	◌ा	◌्	आ	ग	श	।	◌्	◌ा	ब
ह	◌ं	न	◌्	क	ल	ट	◌ं	व	आ	◌ी	स	◌े	ड	ह
ब	त	क	ग	◌्	◌े	◌ि	◌ू	स	च	ट	◌ा	ट	थ	◌्
ह	◌ा	स	त	व	◌्	र	◌ा	ट	न	◌ा	◌ा	ज	ख	◌ा
र	◌ि	इ	◌ा	र	म	र	स	◌ं	◌ी	न	ग	◌ं	ज	◌्
◌ा	स	◌े	क	य	छ	◌्	य	प	त	घ	ट	क	प	य

झोंका
सामाजिक
अन्य
विकार
बाइक
कैप
घटक
पिता
लटकते
टूट
त्वचा
तीन
कमरा
पिशाच
आयात
शीट
परिपक्व
डिप्लोमा
सितारों
खजाना

Puzzle 18

आ	स	द	व	◌ा	उ	द	◌्	द	◌े	श	◌्	य	ब	श
ध	क	◌ं	◌ा	प	र	त	◌ा	द	र	◌ि	त	◌ा	◌ि	क
◌ा	◌ो	र	ध	आ	र	◌्	क	ट	◌ि	क	◌ा	ण	स	स
न	फ	प	◌े	◌ि	क	च	◌ा	त	अ	द	र	क	◌्	र
र	क	◌ा	◌ा	म	न	◌े	प	म	◌़	◌े	य	◌ो	त	प
◌्	प	ल	च	श	◌ि	र	ब	◌ी	ड	र	◌ी	र	र	ट
त	त	◌ु	स	◌्	र	◌्	प	◌ि	न	◌ा	न	◌ि	आ	त
◌ि	इ	◌ा	◌़	ल	प	◌ी	र	ज	न	◌्	ग	◌्	◌ं	आ
ट	ल	◌ि	◌े	◌ा	◌े	◌़	◌ं	न	श	◌्	थ	त	क	◌ि
घ	अ	न	◌े	क	क	र	ग	◌ा	क	ग	र	◌ो	य	द
द	ण	◌ि	य	ख	◌्	भ	◌ो	म	◌्	म	◌ा	उ	ल	य
◌ि	ज	झ	ल	◌ा	ष	र	भ	◌ि	◌े	ग	अ	स	व	क
र	ढ	च	ह	◌्	ल	◌ा	◌ी	ग	न	क	स	उ	स	◌ा
◌ि	द	ग	स	य	र	◌ं	ख	◌ी	क	र	भ	◌्	◌े	स

कनेक्शन
आधा
अदरक
अनेक
प्रस्तुत
केबिन
आर्कटिक
निरपेक्ष
त्रिकोण
सरपट

उद्देश्य
दवा
नकल
पाक
घटित
गीला
संधि
बिस्तर
गोभी
फोकस

Puzzle 19

र	◌ा	ग	आ	ह	◌ं	त	म	◌ा	ब	◌े	ह	◌ो	श	◌ा
य	द	◌ा	◌ं	न	स	क	प	ड	◌़	◌ा	ख	आ	◌ा	त
◌े	न	ढ	द	श	य	◌्	◌ँ	अ	न	◌ु	म	त	◌ि	ल
न	◌ो	श	◌ो	◌ं	◌ा	◌ि	त	प	त	ल	◌ी	◌ा	ट	प
◌ि	र	◌ो	ल	आ	◌ो	ई	ह	◌ा	◌ि	र	◌ा	द	◌ा	◌ु
उ	◌ि	ह	न	क	ल	◌ि	◌ं	ह	क	र	◌ि	अ	म	◌ा
प	◌े	ड	◌़	स	◌ु	त	य	ड	◌ा	◌्	अ	◌ा	क	◌ो
न	र	फ	ज	क	र	क	◌े	क	इ	क	ष	आ	श	प
आ	◌ी	च	◌ि	ट	ग	◌ि	र	त	◌्	◌ा	म	र	ह	◌ृ
◌ी	◌े	न	र	ल	◌ा	प	◌्	म	◌ो	◌ा	◌ी	ब	◌ै	थ
ग	◌ं	भ	◌ी	र	◌्	स	◌ा	र	ख	न	◌ा	◌ा	◌ं	क
म	व	◌ि	◌ं	ड	◌ो	म	◌ा	श	उ	उ	त	ध	न	त
द	◌ू	र	ब	◌ी	न	स	◌ा	त	व	◌े	◌ं	◌ा	स	स
न	न	त	◌्	◌्	उ	◌ो	◌्	◌्	र	◌्	ट	न	◌ा	ल

बाधा
दूरबीन
रिहाई
मात्र
पृथक
पेड़
रखना
अनुमति
बेहोश
पति

हस्ताक्षर
फिल्म
कुकर
हैं
विंडो
कपड़ा
पतली
सातवें
आंदोलन
गंभीर

Puzzle 20

क	◌ा	◌ा	◌े	◌े	र	व	◌ि	घ	◌ो	ड	◌़	◌ा	ट	◌ं
र	◌ै	श	आ	◌ी	ड	◌े	◌ि	◌्	न	द	र	थ	◌ि	न
◌ि	छ	◌ं	ण	◌े	छ	अ	ध	श	र	त	◌ा	◌े	◌्	व
प	म	ज	च	र	◌ु	र	व	न	◌ि	क	ख	न	व	र
र	क	ल	ट	◌ी	क	त	अ	अ	न	ष	र	त	◌्	ट
◌ं	ष	य	ट	र	छ	◌ि	प	क	ल	◌ी	◌्	◌ा	य	क
◌ा	◌ि	श	ब	स	◌्	अ	◌ं	ब	क	न	◌ू	ट	य	न
प	क	स	◌े	ब	छ	◌े	अ	◌ि	स	◌्	म	◌ा	◌ा	ख
प	◌्	र	त	◌ि	य	◌ो	ग	◌ि	त	◌ा	क	न	ग	ज
द	◌ै	◌े	श	न	व	क	◌ा	म	द	◌े	व	च	◌्	◌ू
ग	श	स	व	र	ब	च	ह	द	◌े	ग	◌ा	ट	त	र
◌ि	◌ा	◌ी	◌ं	ल	क	◌्	ष	म	त	◌ा	र	म	◌ा	◌ा
ख	य	त	न	ल	ट	प	◌्	र	◌ा	र	◌ू	प	द	◌ा
◌ं	ल	◌ा	ल	◌ा	◌ि	व	◌ि	◌ी	◌े	◌ा	◌्	◌ा	ल	स

प्रतियोगिता
घोड़ा
कीट
कुछ
शैक्षिक
मूर्ख
गाय
कामदेव
अवधि
व्यय

छिपकली
तीसरे
कनखजूरा
बेस
विशेष
पारंपरिक
क्षमता
विशिष्ट
प्रारूप
कैंची

Puzzle 21

अ	ल	◌े	इ	ज	◌ा	र	ज	क	अ	ज	ग	र	व	ग
च	◌्	स	ज	र	ल	◌ो	◌ि	न	◌ा	च	र	◌ा	◌ि	थ
उ	ग	◌्	र	◌ि	◌ा	उ	◌ं	◌ू	◌ु	◌ि	◌ा	आ	स	◌ा
क	◌ं	उ	इ	◌ा	स	द	स	क	प	◌ं	◌ा	म	◌्	व
◌ी	त	◌े	ख	ख	◌्	य	◌ा	क	स	त	त	श	थ	◌ो
म	प	◌ा	◌ु	य	स	र	त	◌ी	◌ी	◌ा	म	क	◌ा	र
त	◌ि	क	श	म	◌ा	ह	प	म	ह	ल	त	थ	प	ज
◌ी	◌ा	◌ा	◌ि	◌ि	क	ब	द	ल	◌ा	व	◌ा	◌ि	◌ि	◌े
◌ा	◌े	ब	स	◌े	ट	◌्	य	क	स	क	अ	◌ी	त	ल
ज	क	ड	A	म	न	◌्	ख	ब	प	◌्	ग	◌्	म	◌ी
प	◌ै	र	◌ो	◌ं	◌ु	न	◌्	◌ी	ड	य	न	स	उ	◌़
र	◌ी	म	ध	◌े	◌ा	◌्	◌ु	स	च	◌ा	◌े	◌ा	ल	स
ष	र	ण	◌़	र	ल	◌ा	म	अ	भ	◌ि	न	◌े	त	◌ा
◌ं	र	द	क	व	◌्	अ	झ	ब	◌ं	◌ि	आ	य	◌ा	◌ि

आया
जेली
उसकी
मक्खी
खारिज
खुश
विस्थापित
चिंता
मुख्य
साहसी

पैरों
अभिनेता
इरादा
उग्र
साल
सेट
पतंग
अजगर
क्या
कीमती

Puzzle 22

◌े	प	ह	उ	◌ि	◌े	◌ी	◌े	◌्	◌ि	◌ॅ	स	अ	झ	आ
◌्	म	◌ी	भ	स	ध	◌ा	भ	ब	ग	य	◌्	◌ा	ज	◌ं
र	त	म	ड	◌़	◌ा	◌ौ	थ	ह	◌ै	◌ं	◌ा	ई	ल	स
म	◌ी	म	ह	◌़	अ	श	र	◌ा	ब	◌ी	◌ू	श	अ	◌ू
श	ह	ण	◌ि	◌ा	◌ि	ल	◌ं	◌्	न	ष	त	च	ल	च
न	◌ी	स	ग	◌ू	म	त	व	◌ा	◌े	ढ	व	◌े	ग	◌े
◌ि	र	◌ा	◌ू	◌ं	◌ं	◌ि	श	◌ि	◌्	आ	◌ं	◌ा	स	त
व	ल	श	र	स	च	◌ि	र	क	द	◌्	द	◌ा	न	◌ा
◌ै	श	◌ा	व	प	ल	म	◌ा	र	ढ	◌ा	प	क	◌ं	व
न	◌्	न	भ	क	◌ा	स	ब	क	र	ड	क	व	ध	न
अ	ज	व	◌ा	इ	न	◌ु	◌ी	◌ा	◌ा	म	◌ि	क	ग	◌ी
र	क	न	र	न	त	◌ा	ट	◌ि	ख	◌ो	◌ं	◌ॅ	आ	ल
◌ा	न	र	◌्	◌ॅ	म	◌ा	झ	म	फ	ट	ठ	◌ी	क	◌ी
ह	◌्	◌ा	प	प	स	◌ी	ढ	◌़	◌ी	◌ी	य	अ	स	◌्

अलग
सीढ़ी
आंसू
महसूस
समिति
मोटी
हथौड़ा
प्रभाव
ठीक
शराब

मंच
बैग
पीड़ित
आँखों
वैन
सभी
अजवाइन
अलविदा
चेतावनी
शराबी

Puzzle 23

क	ह	प	◌ी	क	क	ग	ग	◌ा	◌ा	र	छ	◌ा	ब	प
◌ा	◌ा	◌ा	◌्	र	◌्	ल	न	◌ं	◌ा	◌ं	◌्	◌्	◌ु	ट
र	न	न	स	र	ल	त	◌ा	र	न	ब	◌ौ	य	र	ग
◌्	◌े	य	र	◌्	त	◌्	◌े	स	◌ं	ग	◌ी	त	◌ा	◌ु
य	च	र	म	व	य	◌ि	प	◌ै	न	न	◌ा	◌ि	◌ी	ब
क	आ	य	◌ा	च	◌ी	◌ा	ब	◌ॅ	◌ॅ	ज	◌ि	◌़	ल	◌्
◌ा	ऊ	◌ु	क	◌ी	द	प	स	◌ि	च	य	◌ा	र	◌ा	ब
र	न	ज	◌ु	◌ं	ड	ध	◌्	◌्	◌ं	क	◌्	◌्	E	◌ा
◌ी	ब	◌्	ज	त	च	◌ि	◌ि	र	प	ब	◌ो	स	प	र
श	◌ा	◌ु	◌ा	र	म	ल	ल	ह	श	द	◌ि	त	◌ि	◌े
श	र	ल	र	◌ं	ग	◌ी	न	◌्	व	◌ा	◌ा	त	छ	त
◌ै	ह	क	स	उ	प	ल	ब	◌्	ध	◌ा	स	स	ल	◌े
ल	◌ी	ह	◌ू	◌े	◌ॅ	ल	अ	प	ज	◌ी	L	न	◌ी	ज
◌ी	त	◌ु	ध	स	प	◌ि	न	ल	म	◌े	◌्	म	स	◌़

बारह
पिछली
गुब्बारे
बुरा
गलत
हास्यास्पद
प्रशासन
सम्मेलन
परिचित
राजकुमार
पिन
पैन
प्रतिबिंबित
कार्यकारी
तेज़
उपलब्ध
संगीत
शैली
धूसर
रंगीन

Puzzle 24

म	उ	म	◌ु	र	य	◌्	प	प	क	◌ु	त	◌्	त	◌ा
◌ै	त	◌ी	◌ा	◌्	आ	न	र	ह	त	म	प	प	श	य
क	◌्	ज	त	म	ख	फ	◌्	◌ा	क	◌े	◌्	प	◌ि	ज
◌े	प	म	न	त	◌ू	◌ि	द	ड	च	क	य	◌ी	स	◌ा
न	◌ा	◌ा	◌ौ	क	ज	ल	◌ा	◌़	ण	अ	◌ा	ग	◌ु	◌ा
◌ि	द	ब	◌ॅ	क	र	◌्	◌ी	द	र	प	◌्	अ	प	म
क	न	ग	त	◌ि	◌ा	◌ॉ	अ	श	त	श	र	न	न	◌ु
र	ज	◌ो	प	य	◌ा	ड	ग	न	◌्	ह	प	म	◌ा	द
◌ू	व	ज	च	◌ो	न	र	ल	न	य	◌ी	◌ि	अ	इ	◌्
ज	◌ि	ल	◌ि	◌ं	द	◌े	◌े	म	◌ं	य	श	◌ं	ट	द
प	ल	ब	◌ु	◌्	◌ी	श	व	◌े	◌ि	न	ट	य	स	◌ा
न	◌ी	◌ि	◌्	क	य	स	श	अ	न	◌ु	भ	व	र	◌ा
स	◌े	ब	न	◌ा	ब	ल	◌ा	प	◌ा	◌ा	ल	उ	क	क
व	ट	ज	◌ा	त	ड	◌ं	न	◌ं	◌्	◌ा	◌्	क	◌ू	ग

डॉल्फिन
पर्याप्त
मेकअप
पर्दा
हिंसा
मौका
नाइट
उत्पादन
निवेश
मुद्दा
कुत्ता
क्योंकि
मामूली
नाराज
नियंत्रण
अनुभव
अगले
टेलीविजन
मैकेनिक
पहाड़

Puzzle 25

उ	क	र	◌ं	ट	क	अ	प	ल	क	ल	ल	क	श	र
क	द	◌ो	म	ज	अ	न	◌े	◌ा	र	क	ट	फ	स	◌ं
◌्	उ	◌्	च	ज	अ	◌ु	◌ु	◌ै	र	◌े	श	म	◌ी	घ
स	ड	त	य	◌ा	फ	भ	आ	म	◌ा	◌े	ब	◌ा	र	त
न	ब	ल	आ	◌ो	फ	◌ा	म	क	श	क	य	र	स	द
त	न	क	◌ौ	श	ग	ग	ग	◌्	म	◌्	व	ढ	ख	आ
श	◌े	ज	र	स	◌ा	म	◌ा	न	◌्	य	त	◌े	।	ट
श	स	य	◌ौ	◌ौ	द	च	क	झ	र	न	◌ा	र	ट	व
प	ख	◌ा	आ	ब	न	◌ा	य	◌ा	न	च	स	च	य	◌ो
◌ॅ	◌ं	◌्	न	त	◌ा	र	◌्	क	य	र	◌्	◌ा	क	ट
◌ा	त	ब	ज	ल	◌ि	द	त	र	न	व	र	◌ा	◌ॅ	ड
न	र	◌ा	म	ग	ब	र	◌्	◌्	न	क	◌्	म	क	ह
प	◌ं	क	◌्	त	◌ि	स	फ	ल	त	◌ा	प	स	व	◌े
प	◌्	र	क	◌्	र	◌ि	य	◌ा	ज	ज	आ	क	◌ा	र

ब्याज
प्रक्रिया
प्रस्ताव
अजमोद
कार्यकर्ता
मैला
कवर
टकराने
अनुभाग
बकरी
जल्दबाजी
माफ
वोट
शौक
सफलता
उद्योग
रेशमी
समाचार
सामान्य
पंक्ति

Puzzle 26

र	क	◌ा	प	ल	◌ो	स	अ	ह	ह	◌ा	◌ा	◌ं	ढ	व
◌ा	म	◌ी	◌ै	न	◌ा	◌ु	र	◌े	ज	व	र	ण	◌ा	ई
क	उ	◌ं	स	ल	आ	ञ	◌ी	◌ू	म	◌्	◌ं	ह	◌ु	ह
◌्	न	प	◌ा	न	क	◌ा	ह	च	◌े	य	त	भ	च	प
ष	प	ब	क	त	◌ा	ज	◌ा	◌ि	◌ं	◌ं	ल	ल	◌े	प
स	◌्	◌्	ड	र	◌ा	◌्	ब	◌ं	द	ज	◌ा	र	द	◌्
◌ा	र	ब	म	◌़	ण	◌ि	र	◌ा	◌्	न	द	◌्	र	र
न	क	र	य	◌ा	◌ा	ज	ल	स	ल	य	अ	◌ु	र	श
न	ट	भ	क	ग	◌्	द	ग	ख	च	◌ो	◌ि	द	स	◌ि
प	◌ृ	र	◌्	व	ज	क	त	न	◌ा	◌्	स	◌ौ	उ	क
प	◌ि	◌्	च	◌ु	ल	◌्	त	व	ज	◌ा	क	म	◌ृ	◌्
म	◌ि	◌ि	क	न	◌ा	ष	स	◌्	◌्	ह	◌़	प	य	ष
म	श	न	ल	◌े	द	◌ि	द	क	ड	न	य	ग	प	ण
ज	◌ु	न	अ	◌ं	प	ण	◌ा	◌ी	स	प	◌ा	न	◌ो	◌ं

जिज्ञासु
दराज
राक्षस
दुर्लभ
बाहरी
पैसा
दक्षिण
उपकरण
ताजा
व्यंजन

बंद
में
प्रशिक्षण
स्नातक
समय
बड़ा
पूर्वज
निर्भर
प्रकट
अदालत

Puzzle 27

◌्	◌ा	◌्	ब	ज	न	झ	व	स	क	ण	◌ा	क	अ	ग
र	क	◌े	◌ि	ब	ल	क	ल	र	◌ं	न	◌ं	◌ि	प	◌ु
ज	◌ि	म	◌्	म	◌े	द	◌ा	र	◌्	व	◌ि	स	श	र
प	◌ा	य	◌ा	ग	ध	क	ब	म	◌्	त	◌ा	◌ी	◌ि	◌ु
र	र	च	य	भ	◌ै	ब	◌्	◌्	◌ी	◌ु	न	द	ष	त
◌ो	त	व	◌ा	◌ा	द	त	◌्	न	◌ा	ह	◌ा	◌ी	◌्	◌्
ग	ख	◌ि	प	ग	श	ह	◌ं	◌ि	◌ा	ब	व	अ	ट	व
◌ो	य	ष	ब	◌ी	◌ा	क	◌ा	व	न	श	◌ा	य	न	◌ा
य	ण	य	क	द	य	◌ा	क	◌ा	उ	ब	◌ी	◌ि	◌्र	क
प	◌ी	छ	◌ा	◌ा	र	ब	घ	◌ं	ट	◌े	द	क	◌े	र
उ	र	ड	द	र	◌ा	◌ॅ	◌ा	स	प	◌्	क	क	◌ो	◌्
ब	◌े	य	य	म	व	◌ि	म	ज	ग	◌ा	◌ा	त	उ	ष
ड	◌्	न	आ	◌ा	ढ	◌ा	र	ज	◌़	स	र	न	ग	ण
◌ै	श	र	न	त	◌ि	◌ै	घ	◌ं	ट	◌ी	स	◌्	◌ं	त

वर्तनी
बहुत
संवाद
बाज़
घंटी
घंटे
श्रेणी
पाया
दीवाना
पीछा
विषय
गुरुत्वाकर्षण
अपशिष्ट
जिम्मेदार
बाल
किसी
खतरा
विनम्र
उपयोग
भागीदार

Puzzle 28

अ	न	◌ु	र	◌ो	ध	क	र	◌े	◌्	ब	क	◌्	◌्	◌ा
ज	◌े	श	ल	◌ै	◌ु	ट	◌ो	◌े	के	उ	◌ु	◌्	ले	◌ू
ई	ट	र	न	क	◌ॉ	◌ो	न	म	◌ा	र	◌ं	◌़	ल	◌ा
र	◌ु	◌ी	न	स	त	र	◌ै	प	◌ि	◌े	ज	ग	त	◌ि
◌ा	घ	◌ा	◌ू	र	ष	◌ा	◌़	स	र	थ	◌ी	◌्	◌ु	त
न	ब	◌ी	◌ी	◌ा	◌ि	अ	◌ं	ग	◌्	र	◌े	जे	◌़	◌ी
व	◌ि	ल	◌ु	प	◌्	त	द	य	◌ि	ज	◌ा	◌ै	मं	◌ि
प	ल	◌ु	र	त	क	◌ो	◌ा	◌ो	◌ो	य	य	छ	ह	◌ा
◌ा	र	अ	◌्	ल	र	◌ि	र	व	प	ग	◌ो	र	◌ि	ग
◌ा	र	◌े	प	◌ा	आ	ज	ह	व	त	ह	द	न	ल	र
घ	ड	◌़	◌ी	ह	प	◌ु	स	◌्	त	क	र	◌ा	◌ा	◌्
स	त	र	त	प	न	◌े	◌़	ढ	प	त	स	◌ं	न	म
श	◌ि	ध	स	◌्	◌ा	न	स	म	◌ा	र	◌ा	◌ॅ	न	◌ा
भ	◌ा	ल	◌ू	म	क	स	◌े	ल	ल	◌़	म	द	र	◌ि

ब्रेक
योगदान
गति
पुस्तक
महिला
विलुप्त
कटोरा
गर्म
अनुरोध
पढ़ने

घुटने
दोपहर
पैर
रोग
भालू
घड़ी
पहनने
कुंजी
अंग्रेज़ी
आरक्षित

Puzzle 29

क	श	◌ा	◌ो	प	आ	◌्	श	◌ा	स	त	ह	◌े	स	ग
◌ि	ब	ह	द	◌ू	ह	ध	न	झ	◌ि	◌ै	न	क	◌ा	र
न	◌ा	◌ा	◌ा	स	A	त	◌ु	ग	प	र	क	ल	स	◌्
◌ा	न	◌ि	ज	न	◌्	अ	म	न	ल	न	◌े	द	म	म
र	ब	◌ो	र	◌्	ड	आ	ह	क	◌ि	◌ा	उ	र	ग	◌ी
◌ा	इ	स	◌ू	ख	◌ी	◌ा	◌े	र	य	क	◌ा	ट	र	◌ं
ब	र	◌्	द	◌ा	श	◌्	त	म	◌ू	फ	त	प	◌ु	◌े
र	ग	ल	◌ा	च	◌ि	क	न	फ	◌्	च	◌्	◌्	ट	घ
◌ी	न	◌ि	◌ॅ	क	म	म	◌्	क	ट	ल	◌्	क	स	अ
ब	प	र	◌ा	क	◌्	र	म	ब	र	त	व	◌ा	◌ो	द
◌ु	◌ा	◌ं	ह	न	◌ी	र	व	◌ा	म	◌ो	स	ल	◌ा	◌ि
म	य	उ	त	◌ं	त	थ	◌ू	द	◌ि	म	य	◌ी	त	न
◌ी	◌ा	स	ल	ग	◌ा	न	श	ल	ख	◌ु	प	◌े	◌ि	◌ी
क	व	◌ि	त	◌ा	◌ा	◌ॅ	ज	ह	र	क	प	ह	◌्	◌्

चिकन
पोशाक
किनारा
तैरना
सोमवार
बादल
बोर्ड
बाउल
कविता
जहर
गर्मी
दस्तक
पराक्रम
सूखी
सूप
हाँ
हेलीकाप्टर
बर्दाश्त
आधुनिक
ट्यूलिप

Puzzle 30

◌ा	स	प	◌ो	स	◌्	ट	भ	◌ं	म	व	◌ा	इ	त	प
ट	म	य	ल	च	◌ा	च	प	◌ू	श	◌े	य	◌ि	र	त
त	◌ी	◌्	त	प	◌्	य	ग	न	ख	ल	र	ट	◌्	◌्
◌ं	क	◌ी	◌ा	क	व	ग	त	ब	ग	◌े	ग	इ	◌ा	त
स	◌्	म	◌ौ	न	◌ा	घ	◌्	ब	म	◌ं	◌ा	◌ं	क	◌ि
व	ष	य	म	◌ी	◌्	य	◌ा	व	◌ु	ट	स	◌ा	ज	य
◌ि	◌ा	ष	◌ा	ल	प	र	र	त	म	◌ा	व	प	त	◌ा
ध	ब	◌्	ब	◌े	द	◌ा	र	न	क	इ	◌ा	◌े	◌ा	◌ं
त	न	क	भ	◌ू	त	◌े	ट	न	य	न	म	◌ा	ल	र
◌ि	न	◌ा	ल	प	र	म	◌ा	ण	◌ु	म	◌ै	प	◌ा	ड
प	◌्	र	त	◌ि	भ	◌ा	ख	ग	क	ट	द	◌ै	ढ	◌ा
◌ा	◌ि	◌ा	त	◌े	न	ग	◌ौ	◌ा	।	र	◌ा	म	ल	ल
◌ि	ल	◌ु	फ	र	ल	◌ि	◌ु	◌्	स	◌ा	न	◌ा	स	न
न	◌ा	न	◌्	◌ा	◌ी	◌ो	म	ल	ग	झ	◌ी	◌़	न	◌े

जंगल
परमाणु
पोस्ट
घातक
मैदानी
वसंत
डालने
वेलेंटाइन
मुखौटा
पाइंट
प्रतिभा
ताला
भूख
भूत
पत्ती
सागर
धब्बेदार
समीक्षा
पत्तियां
क्षय

Puzzle 31

◌ी	ब	स	न	अ	च	र	◌ं	ट	◌ा	◌ू	स	र	न	ड
म	न	◌े	र	◌्	त	य	◌ि	क	त	◌ि	◌ी	य	र	।
श	आ	ल	व	◌ि	◌ि	स	ऊ	न	◌े	र	च	फ	र	◌े
◌ृ	◌ा	त	ध	क	◌ु	क	र	द	व	ल	स	द	श	प
◌ा	◌ी	क	इ	व	◌ू	◌ु	◌ी	◌ा	प	◌ा	◌्	◌ी	उ	त
◌ा	ग	र	◌्	द	न	फ	◌ा	◌्	◌ा	म	व	◌ी	व	ल
त	य	◌ि	क	ब	ज	प	म	ज	थ	◌ी	◌ा	ह	म	◌ा
स	म	◌ा	ल	य	प	◌े	ल	◌ा	व	स	द	ट	द	म
औ	च	◌्	◌ा	ट	र	A	अ	य	र	◌ू	◌ि	य	आ	◌ि
ल	◌ी	◌्	ब	न	◌े	◌ि	◌ि	फ	म	◌़	ष	◌े	◌्	व
र	च	◌ि	◌ा	◌ू	ग	त	स	ल	◌ा	◌्	◌्	म	◌्	◌ि
च	ढ	◌़	न	◌ा	ल	◌े	प	ट	◌ॅ	च	ट	◌ु	प	◌्
◌ा	र	◌्	ब	ख	य	◌़	◌ा	◌ो	स	ग	न	◌ॅ	य	उ
न	◌ि	व	◌ा	स	◌ी	◌ं	◌़	ह	◌ी	ख	◌ा	ह	ब	ज

चढ़ना
आटा
हाथी
मुँह
निवासी
औसत
कला
कुक
होटल
स्वादिष्ट
गदेन
सवाल
माँ
बेवकूफ
तम्बू
जबकि
जायफल
सिविल
अलमारी
पतला

Puzzle 32

◌ा	क	थ	◌़	च	न	न	◌े	ट	व	र	◌्	क	◌ै	क
म	प	क	क	◌ा	स	◌ि	क	◌्	र	◌ि	य	◌ा	र	त
प	◌ु	◌्	◌ी	द	◌ा	◌ा	क	ट	ष	◌्	प	◌्	स	◌ं
◌ा	◌ा	स	र	र	◌ि	ड	◌़	◌ा	◌ो	फ	क	र	◌ो	न
◌ा	र	ब	◌्	द	क	म	◌ी	◌़	स	ट	य	ज	ई	आ
◌े	य	म	◌ु	क	र	◌ू	◌ा	ज	स	◌ी	म	र	प	व
◌ी	स	ग	त	◌ा	◌ा	◌्	◌े	स	◌ं	◌ं	◌ै	न	◌े	श
ट	ज	ट	◌ी	प	◌ा	न	श	क	द	◌ी	◌ि	◌ा	क	◌्
◌ी	ल	र	फ	ड	म	◌्	न	न	◌े	च	◌्	न	◌ा	य
ब	◌ा	य	◌ा	◌ॅ	र	◌ो	य	आ	श	◌े	ख	ग	त	क
ल	◌ा	ख	◌े	◌्	ह	ड	न	ल	क	◌ो	य	ल	◌ा	त
य	◌ा	द	◌ृ	च	◌्	छ	◌ि	क	◌ा	स	र	◌े	ग	◌ा
र	◌ा	◌ा	◌्	श	◌ा	◌ं	त	◌ि	प	◌ू	र	◌्	ण	ओ
◌े	त	ह	◌ि	र	न	ल	व	स	क	च	र	◌ौ	क	◌ं

कोयला
शांतिपूर्ण
नेटवर्क
मुस्कान
सज़ा
बायाँ
निकासी
स्पष्ट
लाख
किसान
चींटी
फोड़ा
तुर्की
आवश्यकताओं
रसोई
प्रदर्शन
संदेश
यादृच्छिक
चादर
क्रिया

Puzzle 33

स	◌ू	र	ज	म	◌ु	ख	◌ी	अ	◌ा	ब	व	द	प	◌ि
प	र	त	स	न	न	त	◌ा	उ	◌्	◌े	त	ज	◌े	◌ि
य	ह	द	ल	◌ो	◌ृ	य	द	द	म	ल	◌े	क	◌ं	य
स	◌ू	च	◌ी	ल	व	र	ण	र	ध	◌्	द	उ	ट	◌ू
श	◌ो	श	म	ई	च	◌ा	◌ॅ	ऊ	म	ट	न	स	ब	थ
र	◌ो	ग	स	क	◌ु	ष	◌े	ग	न	◌ा	म	ज	ल	ट
प	◌े	◌ं	स	◌ि	ल	◌्	◌ी	◌्	◌ु	ट	◌ु	◌ा	क	ट
प	◌े	क	त	◌ी	◌ौ	ट	क	र	क	◌्	उ	म	न	◌ा
म	◌्	क	ग	◌ै	स	◌्	म	◌े	◌ी	प	द	◌े	श	क
उ	ष	र	◌े	ब	◌ा	र	ज	र	ल	◌ु	◌ि	त	स	◌ी
त	◌ा	आ	ब	प	व	◌ा	र	◌ि	◌े	द	त	र	त	ड
ग	र	न	क	◌ं	ग	उ	व	◌े	ल	◌़	न	◌े	त	◌ा
ध	ल	◌ो	◌्	अ	ध	फ	◌ो	ट	◌ो	ग	◌्	र	◌ा	फ
◌ा	ज	स	र	र	ग	क	आ	ल	◌ो	च	न	◌ा	न	य

ऊँचाई
मानक
पेंसिल
सूरजमुखी
गधा
फोटोग्राफ
बेल्ट
आलोचना
पेंट
कटौती
नेता
देश
राष्ट्र
नुकीले
जन्म
सूची
दुपट्टा
प्रबंधक
ग्रे
उद्धरण

Puzzle 34

◌ं	◌ा	◌ा	क	प	प	त	◌े	स	क	स	आ	ल	य	प
स	स	◌ि	ज	न	र	श	न	स	ष	◌ी	द	द	◌ं	त
◌ा	व	ट	ध	◌ा	व	◌ि	◌ु	स	◌े	इ	भ	◌ी	ग	◌्
क	र	न	इ	◌ा	ल	◌ं	च	ल	श	ब	◌ि	ष	ब	थ
ण	द	◌ि	भ	ब	ब	प	◌ॅ	य	र	ख	◌े	◌ं	स	र
न	स	म	ध	द	ड	म	न	◌ो	र	◌ं	ज	न	ब	स
न	◌ै	क	द	◌्	र	ख	ल	ख	ख	◌े	◌ि	◌ि	च	म
◌्	◌ी	त	◌्	स	◌े	◌ी	◌ा	स	◌ु	◌ं	अ	य	◌्	◌्
भ	◌्	ग	◌ि	त	◌्	छ	प	प	ह	उ	ग	ढ	च	म
◌ि	च	च	स	क	उ	क	◌ा	अ	च	◌्	छ	◌ा	◌े	◌ा
◌ि	◌ं	अ	त	क	ध	य	र	◌ो	◌़	र	व	ल	न	न
व	ध	◌ा	◌ा	ग	न	उ	फ	व	र	◌्	प	ज	◌ी	र
◌ि	आ	ह	◌ो	श	◌ा	म	◌ि	ल	र	◌ि	ड	E	◌ि	फ
ज	◌ा	◌ॅ	च	◌ि	◌े	◌ा	ल	र	य	उ	◌ो	◌ा	ल	त

मिनट
शामिल
मनोरंजन
नैतिक
बच्चे
जला
रखें
डबल
सुविधा
पत्थर
सिद्ध
दबाना
अच्छा
शेष
सेब
लाइन
परिचय
जाँच
सम्मान
विभिन्न

Puzzle 35

अ	न	ग	◌ॅ	म	आ	◌ा	व	त	ड	श	स	ई	◌ा	न
न	◌ा	न	ञ	◌ा	◌्	ज	◌े	◌ा	◌ॉ	◌्	◌ी	◌ू	न	क
ध	ज	◌ू	◌्	त	अ	त	◌ि	◌्	क	श	◌ै	ल	ख	◌ा
◌ि	◌ु	क	ग	◌्	◌्	व	◌ं	◌ि	◌्	ड	क	◌ं	◌ि	◌े
क	क	◌्	फ	र	ह	श	श	◌्	ट	◌ू	क	◌ि	न	न
◌ृ	प	र	य	◌ा	क	व	ल	◌ो	र	◌ा	◌ी	च	◌ि	य
त	◌े	◌े	क	◌ि	श	म	◌ि	श	ष	उ	स	◌ौ	◌ै	◌े
◌्	त	ड	स	◌ि	व	◌ा	य	स	म	◌ि	ब	ड	म	ल
ध	र	◌ि	द	◌े	क	◌ि	ल	ग	ट	◌ा	त	◌़	म	स
न	न	य	◌ं	◌े	क	न	W	◌ा	च	क	।	◌ा	स	प
म	ब	◌ो	ह	ब	श	न	स	प	ह	य	ग	ई	◌ा	◌ि
न	◌ं	ई	च	◌ु	र	◌ी	ग	◌्	◌ी	◌ं	उ	ण	ध	न
प	◌ु	र	स	◌्	क	◌ा	र	त	◌्	य	◌ं	◌ं	स	र
न	च	◌ि	ह	◌़	श	◌ा	क	◌ा	ख	क	ल	◌ी	◌े	म

किशमिश
चुंबन
रेडियो
चौड़ाई
ज्ञान
अनधिकृत
नरम
नाजुक
देशी
संयंत्र
डॉक्टर
सूखे
पुरस्कार
मात्रा
शहर
शैल
कायर
अवशोषित
सिवाय
शक्ति

Puzzle 36

क	ष	ा	ं	े	ा	स	म	त	अ	स	त	़	ी	व
ा	ठ	उ	ा	न	न	्	ल	ग	स	म	ा	ग	ि	्
श	र	ि	े	़	स	प	्	ि	ल	ा	ई	ण	र	य
स	्	व	स	्	थ	ो	न	इ	ी	न	श	न	त	क
न	े	ल	ा	प	अ	ा	न	ा	र	ड	उ	ा	प	्
ल	ि	श	ु	क	ि	ए	ी	े	ा	द	र	ा	्	त
क	स	र	प	्	र	ब	ं	ध	न	ह	स	ु	ई	ि
आ	क	्	्	ज	ग	स	न	ो	य	ा	ि	प	च	ग
त	ग	स	प	ध	व	ा	ज	ग	द	न	छ	न	च	त
ल	क	्	म	त	ा	प	ज	झ	ि	ि	े	व	ी	प
ा	े	ी	ि	श	श	र	्	श	ा	न	द	ी	ं	न
े	य	न	र	न	ी	न	ि	य	ह	क	त	स	ि	ा
र	च	्	ै	ज	्	प	र	त	ब	ग	न	ी	ी	ल
क	्	न	व	ि	ि	स	्	आ	ा	ध	य	क	प	ा

उठा
हानि
पालने
व्यक्तिगत
गणना
किए
काश
आकलन
छेद
असली

समान
पाउडर
स्वस्थ
नाश
गिनती
सुई
प्रबंधन
सोने
पियानो
निर्धारित

Puzzle 37

◌ि	◌ो	◌ि	◌े	द	ण	◌्	ह	◌ा	◌ं	त	ल	म	ब	◌ा
व	ज	श	च	◌ा	◌ी	त	म	व	ड	◌़	◌ा	◌ौ	च	◌ा
स	◌ा	ध	◌ा	र	ण	प	श	ई	◌ं	ग	स	स	◌ू	म
आ	क	◌ं	◌े	म	ई	स	क	क	◌ु	न	◌ं	म	अ	स
च	ध	च	◌ॅ	◌ु	ह	प	द	◌ू	झ	◌ी	◌ो	◌ू	ध	न
स	म	◌ु	द	◌्	र	र	अ	स	◌्	◌ि	घ	छ	◌ा	ट
ज	◌ू	र	◌ी	व	त	◌ि	आ	◌ा	◌्	क	क	◌्	◌ि	◌्
व	ल	◌ा	◌ा	क	◌्	व	र	स	E	य	◌ा	◌ू	◌ा	◌ा
अ	ख	प	◌ा	न	त	◌ा	◌ा	ह	त	क	क	◌्	ष	◌ा
◌ं	◌्	W	म	ग	◌ं	र	◌्	ए	◌े	◌्	◌ा	क	त	प
त	न	आ	◌्	य	व	◌्	◌ो	च	◌ो	◌ा	य	स	द	◌ा
र	◌्	ग	थ	◌े	◌्	श	◌ा	स	न	क	◌ा	ल	◌ा	अ
ल	क	स	आ	◌ा	स	स	त	◌ो	न	र	◌ा	स	च	◌ा
र	प	ड	ट	◌े	◌ा	ब	◌ा	◌ो	◌ा	र	ल	र	◌ि	◌्

पहुँच
स्वतंत्र
सत्य
मौसम
घोंसला
साधारण
समुद्र
झुंड
एहसास
दीपक
सदस्य
पार
अंतर
मूस
काला
चौड़ा
शासनकाल
परिवार
कक्षा
जूरी

Puzzle 38

ल	व	य	त	े	व	स	ं	ं	ह	ा	ह	े	ग	प
ए	ो	द	ज	ू	ड	म	श	स	ो	च	ा	ह	ि	ए
क	य	म	ह	त	ा	्	प	स	श	ो	र	क	व	घ
्	्	व	ड	द	न	म	े	अ	ि	स	र	ी	्	़
ज	ौ	प	़	़	र	ा	ा	ज	य	ा	व	स	य	ण
ी	च	े	ी	न	ी	न	स	क	ा	क	स	उ	व	च
क	ड	्	ा	झ	त	प	े	क	र	ड	ू	े	ह	त
्	श	े	ह	ी	े	ू	ल	ा	ट	ी	ल	थ	ा	ो
य	व	्	प	र	्	र	छ	ा	्	े	ी	ै	र	ड
ू	म	्	ं	क	अ	्	व	र	्	ग	ी	क	र	ण
ट	ा	ा	े	ह	ौ	व	ा	र	ष	न	ब	ा	व	च
ि	ु	ज	न	ा	ल	क	प	ण	उ	क	य	अ	ा	ा
व	स	ु	ा	व	श	ा	न	द	ा	र	र	त	प	े
द	ि	श	ा	न	ि	र	्	द	े	श	छ	म	ध	ै

मानव
एक्जीक्यूटिव
उसका
व्यवहार
कहा
पावर
वर्गीकरण
नीचे
सप्ताह
उष्ट्र

वसूली
शानदार
चाहिए
सेल
सोच
लोमड़ी
दिशा-निर्देश
सम्मानपूर्वक
होशियार
पहाड़ी

Puzzle 39

र	इ	र	ल	प	व	प	◌ा	◌ि	ज	व	◌ा	ब	व	च
ज	स	त	◌ा	◌्	र	द	ट	न	र	◌ं	ग	स	त	र
स	क	◌्	त	ज	◌ं	अ	प	न	ई	त	◌े	◌ु	◌ा	◌्
झ	◌ी	र	क	◌ा	न	◌ी	ण	ष	क	◌्	◌ी	र	प	च
◌ू	न	ट	न	◌्	र	◌ी	◌ा	स	स	◌ु	◌्	ह	ख	◌ा
◌ा	न	◌ै	ब	न	◌़	व	त	◌ा	◌ा	ट	◌्	◌ं	◌ी	य
◌ि	न	क	◌ि	च	क	र	◌़	◌ि	श	म	◌ि	ठ	◌ा	ई
द	ट	◌्	◌ा	◌ा	◌्	उ	ढ	य	स	आ	स	र	च	ट
च	क	स	ग	स	◌ॅ	च	ब	ल	◌ू	◌्	◌ं	◌ी	ह	◌ु
◌े	व	◌ी	◌्	◌्	ण	व	◌ो	न	ख	◌ि	ब	न	ड	क
न	◌ा	ट	क	◌ी	य	ण	◌े	◌ं	◌ा	त	◌ो	न	◌्	ड
ल	◌ा	◌ा	व	द	◌ृ	ष	◌्	ट	◌ि	क	◌ो	ण	ड	◌़
च	प	◌्	र	क	◌ा	र	क	◌ु	र	◌्	स	◌ी	◌ी	◌ा
स	◌ा	◌ं	स	◌्	क	◌ृ	त	◌ि	क	◌ा	न	ड	◌ी	◌ि

प्रकार
कुर्सी
रेंज
दृष्टिकोण
बच्चों
इसकी
परीक्षण
नाटकीय
मिठाई
चर्चा
सूखा
हड्डी
टुकड़ा
सांस्कृतिक
राजनीति
शासक
बढ़त
जवाब
चलने
टैक्सी

Puzzle 40

व	न	प	त	◌ि	प	व	आ	न	◌्	◌्	प	स	ण	ल
र	क	र	◌ा	ग	◌े	र	भ	न	◌ि	◌ु	ह	◌ं	◌ा	◌ा
ष	◌्	स	◌्	र	म	अ	◌ा	◌्	◌ा	य	◌ि	भ	र	इ
क	◌ि	य	◌ा	स	◌्	◌्	स	य	◌े	ल	◌ु	व	र	व
◌्	भ	◌ा	ग	श	त	ट	◌ी	◌ा	न	◌े	द	क	◌े	ल
य	◌ा	य	◌े	◌ि	ख	◌ा	◌ी	य	◌ं	◌ा	◌ा	र	◌्	र
◌्	◌्	◌्	◌्	व	घ	◌ी	न	◌ा	◌ी	ह	म	◌ि	प	त
ध	न	◌े	त	◌ृ	त	◌्	व	ध	र	त	प	त	◌े	ठ
अ	◌े	न	◌्	ग	ल	य	ल	◌ी	म	स	ब	◌ं	◌्	अ
म	◌े	◌़	ग	य	◌्	◌ा	◌ि	श	र	ड	◌ा	आ	आ	◌ि
य	क	◌ा	◌्	◌्	क	य	◌ि	w	ल	क	ड	स	ग	◌ी
◌्	◌़	क	र	◌े	म	न	◌ा	क	◌ी	ड	◌़	◌ि	ख	द
त	ह	◌ं	ह	ल	छ	म	◌ू	◌्	क	ल	म	◌े	◌ू	र
न	◌ी	ठ	◌ु	म	◌्	म	◌ी	◌ै	न	क	◌े	ण	◌ा	म

न्यायाधीश
नर्स
बाड़
आभासी
आंतरिक
महीना
भाग
लीक
खिड़की
किया

पार्टी
सतह
संभव
नियुक्त
खत्म
प्रेरणा
अध्यक्ष
ग्रह
लाइव
नेतृत्व

Puzzle 41

द	प	न	ग	◌्	य	◌ा	र	ह	त	◌ं	◌ु	ई	◌ा	ल
ल	◌ि	◌े	◌ा	◌ं	य	◌्	◌ौ	स	द	न	◌्	स	य	◌्
◌े	ल	ल	ट	य	य	क	◌ा	ल	◌ि	◌ू	त	E	◌े	व
क	म	◌ि	च	◌्	क	ड	◌्	र	म	ज	◌ि	श	स	◌े
◌ा	◌्	म	◌ा	स	र	ल	र	ह	◌ु	स	◌ी	ट	◌ु	क
◌ी	द	◌े	र	न	◌्	◌ो	◌ु	◌्	र	म	◌ै	च	झ	◌ं
र	◌ि	◌ा	श	◌ी	प	प	ल	प	◌्	◌ू	◌्	फ	न	ह
म	ब	र	न	र	◌ा	प	◌ा	◌ा	प	ग	ह	प	घ	◌ा
य	ड	◌़	◌ा	◌ो	थ	◌ा	◌्	म	◌ी	ए	ओ	◌ं	च	◌्
स	◌्	थ	◌ि	त	◌ि	झ	द	य	आ	क	◌ा	र	म	य
श	व	ह	व	म	◌ी	◌े	ह	श	◌ा	र	ज	ज	क	◌ं
न	◌ी	त	◌ि	ल	◌्	◌ि	◌्	◌्	◌ा	ज	त	◌ा	ख	◌ि
अ	म	◌े	र	◌ि	क	न	त	ल	◌्	◌्	◌ा	◌ं	य	क
स	◌ं	प	त	◌्	त	◌ि	◌ा	◌़	ग	◌ि	श	च	प	ट

पेट्रोल
संपत्ति
दिलचस्प
ग्यारह
थोड़ा
चमक
अमेरिकन
आकार
जाओ
विनाश
ड्रम
नीति
प्रमुदित
तूलिका
मैच
सीट
स्थिति
प्याज
मिलने
जांच

Puzzle 42

य	त	ड	क	न	द	श	भ	ह	प	स	ड	न	क	ड
◌ा	त	य	◌े	त	क	◌े	ल	◌ू	ध	ह	ब	◌ि	◌ि	◌ा
त	◌ि	ल	◌ा	◌ै	◌ि	◌ो	ख	◌े	म	न	◌ं	श	न	क
◌्	क	◌ी	र	य	छ	न	ट	◌ो	व	◌ि	◌े	◌ा	◌ा	◌ि
र	◌ृ	क	ई	◌ा	◌़	ड	ल	◌े	◌ि	स	क	न	र	य
◌ा	स	◌ो	ज	र	◌ि	◌्	ब	र	श	◌ं	म	◌ा	◌े	◌ा
प	◌्	र	◌ा	ध	◌ि	क	र	ण	य	न	त	म	र	प
◌ा	◌ं	◌ो	य	स	ल	च	ढ	ख	ल	◌े	◌्	ल	उ	र
◌ा	स	◌्	◌ू	◌ो	र	ट	◌ा	भ	◌्	ल	न	◌े	त	◌ि
प	◌ं	ब	◌ी	ल	र	L	स	◌ु	◌्	◌े	◌ा	◌ं	◌े	ध
त	र	आ	र	उ	य	ष	ज	◌ा	◌े	ख	व	आ	र	◌ि
छ	◌ो	ट	◌े	◌़	ब	प	स	◌ि	न	◌ि	◌ा	◌ा	श	य
◌ा	झ	ल	◌्	◌ं	द	त	न	◌ा	◌ि	न	भ	न	◌ै	म
र	◌ि	श	◌ी	ष	ल	न	◌ी	क	◌ै	◌े	प	त	ल	म

ब्रिज
तैयार
किनारे
कोटेशन
खेलने
डाकिया
यात्रा
निशान
प्राधिकरण
भूमिका

भावनात्मक
धूल
पतन
देखो
छोटे
उल्लेख
संस्कृति
लड़ाई
ब्रोकोली
परिधि

Puzzle 43

ह	प	क	त	न	त	◌ं	स	श	न	◌ी	स	म	च	श
च	◌ी	ई	◌्	◌ा	व	र	◌्	◌ि	स	र	न	◌ं	र	◌ा
ल	ल	र	◌ि	स	◌ु	◌्	क	क	भ	छ	◌ा	ग	◌ा	र
◌ं	◌्	त	न	न	ल	स	ग	◌्	◌ै	श	व	ल	त	◌्
आ	र	◌्	थ	◌ि	क	स	त	ष	◌ं	ल	◌ा	व	L	प
स	न	त	थ	न	द	◌े	ड	◌ा	स	ज	प	◌ा	त	न
◌ा	च	उ	◌्	ऊ	A	◌ी	व	◌़	द	म	स	र	◌ा	र
क	◌ि	◌ो	न	◌ा	र	◌ा	झ	ड	क	र	◌ी	◌्	क	ब
ग	र	ध	◌ो	ल	प	◌्	◌े	◌ि	र	◌ि	य	च	य	◌ि
अ	न	◌ि	य	म	◌ि	त	ज	◌ि	◌ॅ	ट	ल	◌े	◌्	प
य	◌ा	◌ु	क	ल	स	◌्	न	◌ा	◌ो	स	न	ह	श	च
व	◌ि	श	◌े	ष	◌ा	ध	◌ि	क	◌ा	र	◌ि	र	व	त
ज	◌ि	म	◌्	म	◌े	द	◌ा	र	◌ी	◌ु	ज	◌ा	आ	त
◌े	ड	स	◌ु	स	न	ज	स	ख	स	◌ा	◌ी	द	र	◌्

जिम्मेदारी
शार्पनर
ऊर्जा
सड़क
निजी
विशेषाधिकार
आर्थिक
शलजम
उत्तर
शिक्षा

सिर
अनियमित
भैंस
चेहरा
सोना
मंगलवार
आवश्यकता
पात्र
प्लेट
वापसी

Puzzle 44

ब	न	◌े	झ	श	न	ऊ	ल	◌ि	ह	न	।	र	स	र
◌ी	क	◌्	छ	न	न	◌ा	◌ो	र	◌ा	व	च	◌ि	◌ा	न
य	◌ा	◌ा	ठ	उ	द	फ	ह	◌े	ल	◌़	म	स	◌ै	ग
र	ट	व	◌े	◌्	स	क	◌ा	प	त	क	र	◌ा	◌े	ह
य	◌े	त	स	ट	ट	◌्	ट	◌ू	◌ा	◌ं	◌ा	व	◌ा	◌ॅ
स	◌्	व	◌ी	क	◌ा	र	र	◌ी	त	◌्	र	अ	ब	स
ई	◌ि	र	व	◌ा	न	◌्	ह	ख	◌ि	◌ो	य	त	त	श
ज	र	च	◌े	र	क	◌ा	◌ि	श	त	◌ि	प	◌ी	ग	क
न	◌ि	◌े	◌ि	◌ि	न	ड	◌ी	ड	◌्	◌ि	ट	त	व	◌ा
◌ि	◌ै	◌ु	क	◌्	र	ट	ज	◌ु	व	◌ं	◌ु	◌ा	◌ि	◌ि
र	◌ो	झ	श	त	स	ल	◌्	य	◌ृ	◌ू	म	◌े	प	श
◌ि	◌ि	◌्	◌ि	प	◌ा	श	ञ	ट	◌ो	त	त	◌ा	र	क
प	र	◌ि	प	त	◌्	र	◌ा	क	न	◌ि	◌ै	स	◌ी	न
◌ा	◌ि	ख	र	प	◌े	र	त	◌ा	म	य	प	ज	त	ट

अतीत
हालत
स्वीकार
रिसाव
बीयर
रोना
शिकार
तूफान
गैस
पत्रिका
ज्ञात
मनोवृत्ति
टट्टू
परिपत्र
पशु
उठाया
टिड्डी
स्वेटर
सैनिक
विपरीत

Puzzle 45

र	स	ड	◌ि	ज	◌ा	इ	न	◌ु	◌ा	द	न	◌ी	◌ं	द
◌ो	ल	◌ा	ल	अ	न	◌ु	◌ै	म	◌ै	◌ी	म	स	◌ा	ड
ब	◌ा	न	थ	म	◌े	य	य	ग	◌्	य	◌ं	◌्	व	ग
◌ि	छ	स	◌ा	क	क	अ	व	◌ि	म	◌ा	न	क	L	ज
न	◌्	ल	◌ं	◌़	य	◌ु	◌ी	◌्	न	न	◌ि	◌े	◌ि	म
◌ी	य	ब	त	श	ड	◌ा	◌ि	◌ि	म	◌ि	द	य	W	ड
◌्	◌ं	क	◌ि	स	◌ो	उ	प	ज	◌ू	◌ु	◌े	र	क	◌ि
त	◌ा	झ	◌ा	◌्	प	ध	◌्	स	ल	ब	श	क	र	◌ि
प	स	त	न	र	द	न	◌ि	◌ी	द	◌ि	क	◌्	त	श
◌ा	◌्	व	क	र	◌ू	◌ि	त	त	◌ो	◌्	◌ा	र	छ	भ
ग	◌ं	ध	न	ट	स	◌ा	◌्	व	स	◌ा	ल	◌ो	◌्	◌ि
◌ा	य	ज	ख	ह	र	क	ट	◌ी	◌्	द	न	त	न	र
◌ं	ह	◌ा	ल	ल	◌ो	ख	◌े	◌ि	त	◌्	◌ु	आ	◌्	◌ि
◌ो	र	◌े	ढ	च	◌ं	न	प	ट	म	न	व	र	क	◌ा

उड़ान
उपज
मैनुअल
गंध
छाल
नींद
बुनियादी
टेप
रोबिन
संशोधित
निदेशक
मूल
पत्नी
डिजाइन
लाल
दोस्त
साथ
स्केयरक्रो
व्यंग्य
दूसरों

Puzzle 46

व	प	र	ह	े	ड	प	व	ा	य	प	ड	ल	च	व
ो	ि	न	त	ष	ि	्	र	क	आ	्	E	स	श	ग
स	्	भ	प	ल	ा	र	स	स	ी	र	ा	ा	्	क
ो	ा	स	ा	े	ा	ह	ा	ा	ी	स	क	झ	म	ि
ो	ा	ज	ी	ज	ज	ा	ु	द	ा	ा	ह	्	ा	य
श	ो	ो	ट	्	न	र	न	े	ग	र	ा	क	्	ण
स	प	ा	र	र	ो	र	अ	प	त	ब	ठ	ा	आ	्
ू	ै	म	्	ा	य	ा	क	क	भ	ब	ो	्	ख	म
त	क	ा	क	त	ि	न	ी	ज	ा	र	ा	त	े	ि
्	आ	श	्	व	स	्	त	भ	ा	ज	क	्	ल	त
र	त	ा	स	क	्	ञ	न	य	ा	र	ा	ि	क	्
े	ज	क	ी	ग	ि	य	ो	द	्	र	ौ	्	प	र
त	न	्	ह	म	्	झ	ी	द	ी	द	न	य	ा	क
र	म	।	य	ा	प	ृ	क	ो	न	े	अ	्	ल	ो

राजनीतिक
कृपया।
अद्यतन
अनुसार
आकर्षित
आश्वस्त
बोतल
चश्मा
स्कर्ट
विभाजन
प्रहार
नदी
प्रसार
भाजक
किराया
लेख
मित्र
कोने
सूत्र
प्रौद्योगिकी

Puzzle 47

ग	व	उ	◌ा	प	◌े	र	◌्	न	◌्	क	◌े	◌ा	◌ी	ब
◌ि	श	◌ै	प	र	◌ि	द	◌ृ	श	◌्	य	ल	म	स	◌ा
र	◌ु	व	क	◌्	◌ा	ध	◌्	फ	व	न	◌ी	ल	◌ं	त
◌ा	क	म	न	ल	◌़	◌ू	अ	न	◌ु	क	◌ू	ल	घ	◌े
च	◌्	प	ल	◌ी	◌्	ड	द	य	ड	न	क	ग	ट	◌ं
त	र	◌्	◌ा	ग	र	प	◌्	◌ै	ट	प	ग	◌ा	क	◌ा
ख	◌े	म	ल	र	श	ए	◌ि	र	◌ी	श	◌ा	◌ि	ल	स
प	◌्	र	स	◌ा	र	◌ि	त	क	◌ा	म	◌ँ	◌ा	छ	◌ी
स	◌ि	त	◌ा	र	◌े	ल	च	◌ं	ज	इ	ठ	त	ल	म
◌े	◌ा	ख	च	ध	◌ि	स	◌ि	◌ा	◌ा	त	व	◌्	◌ी	◌ि
◌ि	◌ौ	◌़	ड	फ	◌ो	इ	◌ु	◌ि	व	◌ा	◌ू	र	ण	त
ज	म	छ	ल	◌ी	◌्	◌ी	न	आ	◌ं	क	ड	◌़	◌ा	◌ं
प	◌ौ	त	त	◌ा	◌ी	र	अ	◌ा	घ	◌ा	स	र	◌्	◌ा
व	आ	◌ू	य	म	द	प	ग	◌ी	ड	द	र	त	न	श

माफ़ी
बातें
वैकल्पिक
शुक्र
इसलिए
सीमित
काल
गिर
घास
परिदृश्य
आंकड़ा
ड्राइवर
प्रसारित
मछली
सितारे
गाँठ
संघटक
अनुकूल
अनुचित
जिसे

Puzzle 48

न	क	ू	ल	च	ी	ल	ा	ह	न	ा	्	ल	न	श
ब	ो	ो	ा	न	ी	क	ल	ा	ब	ह	ल	ै	थ	र
ज	ि	र	भ	ी	्	क	ु	क	ा	ौ	स	्	ह	ि
स	ी	त	ढ	ग	ा	ए	ा	ज	प	त	्	द	े	अ
श	ै	त	ी	ि	क	्	म	त	फ	ज	ल	ि	व	ि
ि	ल	ण	ा	ो	ह	उ	े	क	ि	्	न	ह	द	ब
स	ू	र	्	य	ा	स	्	त	ल	ब	र	न	्	ा
र	प	च	र	ष	व	प	्	ह	स	म	ा	अ	त	स
व	ी	आ	र	्	र	त	ह	े	ब	ह	स	ह	म	्
े	़	फ	ल	ि	प	ो	र	आ	ड	ए	ा	श	र	क
य	्	ट	ट	व	प	श	र	र	ी	ल	फ	ट	ा	े
ा	ौ	े	ी	भ	ब	स	ा	त	़	घ	़	न	्	ट
ग	ि	र	फ	्	त	ा	र	ी	ि	ु	ग	ं	ट	त
उ	च	ा	त	ख	र	ी	क	्	ु	ो	ि	ध	ा	ा

गिरफ्तारी
बाहर
कलम
जाएगा
जीत
योगिनी
आचरण
बेहतर
बालकनी
भाल
साफ़
लघु
लचीला
बास्केट
आरोप
परवाह
रवैया
ट्राम
भविष्य
सूर्यास्त

Puzzle 49

क	◌ं	प	न	◌ी	◌ो	प	◌े	प	न	◌ॅ	◌्	ब	र	◌ा
म	क	इ	◌ा	ल	प	◌्	र	त	य	क	प	क	ह	न
त	र	न	◌ा	क	श	◌ै	आ	न	ह	◌ा	र	र	ज	◌ि
◌्	◌्	झ	त	न	◌्	त	द	ज	◌े	◌्	स	◌ं	न	◌े
र	म	क	ट	फ	◌ा	◌ा	◌े	य	◌ी	त	◌्	र	न	प
◌ा	क	ण	◌ि	◌्	◌ै	◌्	श	E	◌ा	य	त	त	न	◌ी
◌ा	ज	◌ा	◌ा	त	प	न	ज	◌़	र	श	ल	◌ं	ग	छ
क	ध	ष	◌े	◌ि	न	द	◌ा	र	◌्	प	व	त	व	◌ी
स	व	◌ा	द	य	र	त	◌ा	◌ा	क	ण	◌ा	◌्	र	◌ि
न	◌ृ	त	◌्	य	◌ृ	प	ह	◌ा	क	◌्	र	र	स	थ
◌े	◌ी	क	◌ो	◌ा	क	र	न	ध	स	◌ै	न	◌्	य	स
ल	◌ं	◌े	◌ा	क	◌ि	र	ग	◌ी	◌ो	य	प	उ	◌ी	◌्
भ	◌े	ड	◌़	◌ि	य	◌ा	म	म	र	स	ल	◌ा	व	व
ह	◌ै	◌ा	◌़	ल	◌ं	◌ं	ल	◌ु	ण	न	S	◌ु	क	र

तंत्र
तलवार
प्रदान
निषेध
पता
ताना
आदेश
उपयोगी
परिणाम
शायद
सैन्य
कंपनी
नकली
सकारात्मक
स्वर
भेड़िया
नज़र
धारा
पनीर
नृत्य

Puzzle 50

◌ै	प	प	◌ी	प	न	◌े	र	◌ा	ल	र	◌ो	त	र	य
प	◌ि	◌्	अ	ब	◌ू	च	क	व	त	◌ा	◌ं	◌ा	ग	◌ू
◌ै	त	र	श	ल	स	छ	क	प	◌ा	स	क	◌्	◌ॉ	ब
स	◌ा	त	ह	न	◌्	म	◌ा	ग	प	ध	◌ा	◌ू	ट	◌ा
◌े	ज	◌ि	क	ल	ल	प	र	न	◌्	◌ि	◌ु	न	E	व
ल	◌ी	क	व	च	◌ा	◌ो	स	◌ं	स	◌े	प	ब	न	◌ू
ग	अ	◌्	◌ि	र	ल	न	ढ	◌ं	अ	◌ा	म	◌्	क	◌ो
◌्	ग	र	◌ी	◌ू	द	म	◌ं	द	ख	च	◌ा	क	ह	◌ॉ
प	ल	◌ि	द	◌ो	प	न	◌ि	न	न	◌्	स	र	◌्	प
ल	◌ा	य	र	◌ि	◌्	प	उ	ध	◌ा	प	य	आ	ल	अ
◌्	म	◌ा	◌ी	ब	◌ि	ल	◌्	ल	◌ा	◌ा	◌ं	क	◌्	◌ं
य	ल	क	◌ा	त	स	◌्	◌ु	प	ज	च	र	प	य	क
म	म	ट	व	र	क	◌ू	व	ब	ब	◌ा	◌ु	क	त	म
र	◌्	स	स	ट	◌ी	म	◌ा	र	आ	म	◌ा	थ	◌ा	न

पुस्तकालय
प्रसन्न
बुधवार
गले
पूछा
टीम
पैसे
बिल्ला
कपास
सवारी
प्रातिक्रिया
दूरी
अस्पताल
अल्पसंख्यक
आराम
पिताजी
सोचा
बॉक्स
प्रिय
अगला

Puzzle 51

प	भ	स	◌ा	इ	ड	ड	◌ा	य	न	छ	स	म	प	द
र	◌ा	◌ू	न	◌ा	◌ी	ल	त	त	◌ृ	स	◌्	◌ि	व	◌ा
◌ू	ल	◌ं	ग	च	ध	◌ि	न	◌ा	◌ं	प	ट	◌े	र	◌ा
श	क	ग	न	◌ो	य	◌्	आ	य	र	◌्	◌ै	ख	च	य
स	◌्	न	◌ा	न	ल	द	◌ा	श	ग	◌े	◌ं	◌ा	न	न
ब	ट	ओ	◌ा	त	ब	◌ि	म	र	◌्	◌े	ड	द	न	◌ा
द	स	◌ा	म	ल	◌ी	न	त	ञ	◌ा	च	त	◌्	स	य
उ	ध	◌ा	र	◌ू	र	स	◌ा	श	◌े	र	र	य	◌े	◌ा
न	◌्	◌े	◌्	ट	स	ष	फ	◌्	◌ा	क	ग	◌्	ल	प
◌ी	य	◌ो	श	न	क	◌ो	ल	व	अ	ह	र	◌ा	य	◌्
र	ल	म	◌ा	◌े	य	◌ं	श	◌ा	य	थ	म	र	छ	य
◌ा	र	न	म	◌ा	त	◌्	र	व	◌े	फ	◌े	घ	न	◌ा
ज	न	◌ि	व	छ	स	क	म	ब	स	◌ा	न	द	ल	र
व	ड	◌ं	ज	य	अ	प	ज	र	आ	◌ी	र	म	त	◌ा

स्नान
खाद्य
डायन
लूटने
प्यारा
तीस
दिन
पक्षों
साइड
अवलोकन

विस्तृत
लाभ
स्टैंड
हरा
बताओ
आश्चर्य
भूगोल
वर्तमान
उधार
श्रम

Puzzle 52

ा	स	्	े	ी	ज	त	ि	द	न	त	ा	उ	भ	ि
क	ब	ा	क	च	ा	न	य	क	र	ी	ं	ी	ख	य
ं	ा	र	द	त	र	ो	ए	ा	्	्	च	द	्	ट
न	ब	र	ी	स	ं	घ	ी	य	े	ल	े	ब	ा	ो
क	ज	स	्	र	व	्	ट	ज	ह	ा	ं	ी	ह	न
द	र	र	ल	र	ा	म	म	ि	ू	भ	च	़	व	ज
क	च	्	ज	ा	व	ब	क	्	ो	त	ब	ड	ा	्
्	ि	ा	म	उ	ा	ा	ई	ग	ल	्	ि	क	ल	ज
ष	्	ं	ल	च	न	ो	ई	स	म	्	न	म	्	स
ि	न	र	न	क	ा	ी	ड	व	्	ह	ी	ल	ु	ं
ण	र	ा	स	ि	त	र	स	ं	र	त	ी	त	ं	र
ी	य	प	ल	्	अ	झ	ी	क	थ	म	्	्	ं	स
च	े	र	म	ु	क	्	क	े	ब	ा	ज	ी	आ	ल
भ	ी	ड	़	्	इ	क	ग	फ	ू	न	श	ू	ह	प

क्वील
चालक
मुक्केबाजी
नहीं
सज्जन
कार्रवाई
नाव
नोट
मकड़ी
तीतर
मकड़
थर्मल
जबाब
भीड़
संघीय
भूमि
कर्मचारी
जल्दी
दक्षिणी
जहां

Puzzle 53

र	क	◌्	र	त	स	◌ा	◌ा	ड	◌्	◌ा	ल	ल	य	ज
न	◌ै	◌ा	◌ा	◌ं	र	प	उ	◌्	न	झ	◌ी	स	म	र
र	र	◌ी	ह	ल	◌ि	ग	त	य	न	◌ू	ल	क	◌्	अ
व	◌ि	त	◌ु	र	◌ा	ई	भ	ल	S	ठ	श	◌ै	ड	◌ो
ग	य	क	◌्	◌ा	व	ग	◌ा	◌ा	◌ू	◌े	द	ड	◌्	श
ल	र	प	◌ु	ल	◌ि	स	व	◌़	य	न	श	◌ं	ज	म
र	इ	श	र	◌ा	न	श	न	◌े	ढ	ह	क	◌ै	उ	◌ा
र	ष	◌ी	प	◌ा	◌ा	ब	◌ा	◌ि	◌्	च	◌ं	स	च	स
अ	र	◌्	थ	व	◌्	य	व	स	◌्	थ	◌ा	द	◌्	◌्
द	A	न	र	ट	य	◌ू	प	◌्	◌ं	क	ट	◌ै	च	क
त	भ	व	◌ि	व	व	◌ी	द	र	प	र	◌ि	ख	◌ा	ड
◌ि	ह	ट	उ	ढ	र	य	◌ि	◌ा	◌ं	◌्	प	ग	र	◌्
आ	य	र	न	स	◌्	व	◌ै	च	◌्	छ	◌ि	क	ण	प
थ	र	म	ल	ज	◌ु	घ	◌ी	◌े	व	◌ा	◌़	E	व	र

चढ़ाई
वर्ष
अर्थव्यवस्था
स्वैच्छिक
गिलहरी
पतलून
भावना
झूठे
पुलिस
दशक
देख
कैरियर
कंप्यूटर
मास्क
सतर्क
उच्चारण
वाक्य
आयरन
सैंडकैसल
शैडो

Puzzle 54

व	उ	स	स	◌ा	ल	स	क	◌े	क	ड	◌़	◌ा	भ	◌ि
म	◌ि	म	ल	झ	◌ा	◌ा	त	◌ु	◌ॉ	◌ा	◌ो	य	◌ो	◌्
◌ि	◌ा	ध	द	◌्	◌ु	श	न	च	र	न	◌ो	द	ज	र
य	प	न	◌ि	व	◌ि	◌ी	◌े	य	◌ा	व	व	◌्	न	अ
क	य	ध	च	य	स	व	◌्	म	◌ा	र	◌्	क	र	ध
क	ज	◌ा	ष	◌ि	◌ू	ण	ध	◌ा	र	◌्	म	◌ि	क	◌ि
◌ो	र	व	च	स	त	र	य	◌ा	◌ि	थ	ह	◌ि	◌्	क
न	स	◌ा	ल	◌ो	प	◌्	◌े	च	त	य	◌े	◌ू	स	◌ृ
प	◌ि	स	प	ग	◌ि	◌ू	र	◌ी	◌ा	◌्	ग	◌े	◌ु	त
व	◌ु	त	◌ा	ल	थ	प	म	◌्	र	अ	र	र	ब	क
ल	◌़	र	म	न	◌ा	ब	ट	र	◌ा	य	◌ी	प	ह	श
घ	क	म	◌ा	◌्	◌्	ल	र	प	द	◌े	ब	द	◌ा	क
न	◌े	प	व	न	स	व	◌ि	द	उ	◌ि	ल	थ	व	◌ा
ग	◌ा	◌ा	◌ा	त	◌े	◌ौ	झ	म	स	◌्	क	◌्	न	◌्

समझौते
स्थापित
हथियार
पर्ची
धार्मिक
विधि
शुद्ध
सावधान
गरीब
पुराने

उदारता
मटर
राय
सुबह
केकड़ा
अधिकृत
मार्कर
भोजन
पूर्ण
मानचित्र

Puzzle 55

म	च	द	◌्	◌ै	ह	क	◌्	फ	क	◌ा	च	न	श	◌ा
व	◌्	◌ु	त	◌्	◌ॅ	ग	◌ं	◌ा	म	प	◌ा	र	द	स
◌्	त	र	◌ो	◌ा	ह	◌ो	आ	र	◌ो	त	च	त	ल	ल
र	◌ा	◌्	त	क	श	ल	◌ा	◌्	ट	◌ा	◌ी	◌्	◌ा	◌ी
ग	◌ो	घ	ध	द	◌ो	ष	◌ी	म	स	ध	त	छ	ख	◌ू
◌ृ	न	ट	◌ं	◌ि	र	प	◌ा	ठ	◌्	य	क	◌्	र	म
प	◌ि	न	E	व	न	न	◌्	◌ि	र	ण	◌ं	◌े	◌ृ	◌ा
द	◌्	◌ा	न	स	ट	◌ि	◌ो	न	◌्	ष	◌ो	च	◌ं	न
E	◌ा	र	उ	ब	◌े	फ	त	क	ट	ल	ह	◌े	◌्	व
न	ल	ह	त	त	◌ा	◌्	◌ि	◌ि	ल	◌े	◌ं	स	श	◌ा
क	ख	◌ि	म	◌्	◌ू	त	र	श	र	श	◌ी	◌्	श	त
क	◌ी	म	त	र	य	◌ा	अ	ब	◌्	◌्	र	◌ी	प	र
त	◌ु	र	◌ं	त	◌ी	◌े	प	ग	त	◌ि	प	न	◌ा	◌ि
◌्	◌ा	◌े	◌्	◌े	न	◌ा	क	त	◌ू	व	ज	व	अ	◌े

व्हेल
मांग
मूली
विश्लेषण
फार्म
ट्रस्ट
दुर्घटना
गर्व
प्रत्येक
नाम
नॉटिस
दोषी
लोग
शिकन
प्रतिनिधित्व
कीमत
श्रृंखला
तुरंत
पाठ्यक्रम
चाची

Puzzle 56

अ	◌ं	र	प	ड	क	प	अ	ल	ऊ	झ	ख	◌ा	ह	◌ो
ल	ण	द	ल	प	र	◌्	ट	र	श	न	◌ू	◌े	◌्	◌ू
◌ा	ट	◌्	◌ा	ह	न	◌ु	र	म	ब	◌ा	र	स	ज	ल
न	◌्	◌ं	ड	◌ी	य	ख	उ	र	र	प	◌े	ट	◌ं	र
ढ	◌ा	◌े	◌े	◌ा	◌्	फ	त	म	ह	स	र	◌ू	◌ा	ज
न	र	क	◌ं	श	क	श	प	र	◌े	ट	ब	थ	प	◌ि
प	य	न	अ	ह	◌े	◌ा	ल	◌ो	◌े	◌ि	स	प	◌ी	◌ि
◌ी	ग	◌्	ध	◌ी	◌े	द	र	श	न	ट	द	◌े	◌्	व
क	◌्	◌ा	◌्	त	आ	प	◌ु	ल	◌ो	व	◌ा	स	घ	ल
स	◌ा	म	न	◌े	ज	◌ा	र	र	आ	झ	म	◌्	क	न
◌ै	भ	क	प	प	◌ो	◌्	न	श	च	ण	ई	ट	ख	ग
◌ा	न	◌ी	◌्	छ	र	त	◌ा	◌ा	ग	ल	◌ा	◌ी	प	◌ा
य	म	ज	◌्	◌ि	ल	उ	म	◌ु	ल	◌ा	क	◌ा	त	य
य	ग	◌ो	ई	च	स	◌्	ल	◌े	र	◌ा	इ	स	◌ो	न

उत्पाद
केंद्र
सामने
पीला
सिक्का
मुलाकात
अण्डाकार
पुल
सहमत
अंडे
गायन
वोल
बटेर
लगातार
शोर
शाही
इकाई
खतरे
टूथपेस्ट
भाग्य

Puzzle 57

स	◌ी	◌ो	◌़	ड	प	ग	आ	स	क	व	◌ि	ल	ड	ल
◌े	◌्	स	ह	र	◌़	र	त	◌ा	◌े	◌ि	म	ध	न	◌ि
क	त	थ	न	◌्	ल	र	क	ब	त	क	र	ड	◌ो	◌्
ह	प	फ	◌ा	स	◌ो	ड	◌ा	◌ि	ल	◌ा	य	स	◌ा	क
ब	◌्	र	श	न	ज	◌ं	इ	त	◌ी	स	क	ड	◌्	◌ं
त	ष	स	ह	◌ी	◌ी	म	द	आ	द	र	व	◌ा	ज	◌ा
व	◌ि	अ	◌ं	◌े	◌ै	य	न	◌ि	र	◌ी	क	◌्	ष	ण
◌्	क	त	न	र	क	◌ा	व	न	य	द	आ	च	◌े	◌्
य	◌्	र	द	प	च	◌ू	उ	न	ट	◌ो	क	श	ष	◌ा
क	◌ं	ब	व	आ	ट	न	◌ा	◌ी	ए	◌्	◌ो	◌ं	म	◌ा
◌्	स	◌ू	◌ी	र	◌ु	◌ी	◌ा	य	न	न	र	◌ा	◌ु	◌ा
त	प	ज	न	ल	क	क	स	आ	न	च	◌़	क	◌ि	च
◌ि	ब	◌़	◌ि	ज	◌्	ब	◌ा	आ	छ	र	म	र	◌ी	◌ो
त	◌ू	◌ि	◌ु	म	अ	◌ा	द	ट	ह	म	र	आ	क	◌ं

केतली
तरबूज
संरचना
विकास
निरीक्षण
केस
कोट
साबित
ब्रश
व्यक्ति
पड़ोसी
इंजन
आदमी
परे
साफ
दरवाजा
सोडा
चुकंदर
संक्षिप्त
स्थानीय

Puzzle 58

व	व	◌ा	प	स	ढ	क	ब	त	ड	◌ि	च	◌ा	व	ल
अ	◌्	न	◌ा	र	अ	र	ल	◌्	◌ू	ग	◌्	◌ा	य	ग
स	त	य	म	ब	◌ि	◌ा	म	व	ब	च	आ	◌ु	◌़	◌ं
◌्	उ	ण	◌ा	क	ढ	प	◌ो	र	◌ु	◌ा	अ	ट	म	ल
व	ध	र	◌ी	प	र	◌़	क	◌ि	◌ि	र	◌ा	◌े	◌्	◌ा
◌ी	◌्	◌्	स	च	◌ा	ण	न	त	श	ग	ब	◌ा	घ	प
क	त	◌ि	◌ी	न	ण	र	◌ि	◌े	◌ा	◌ु	◌ा	ज	◌ं	र
◌ा	स	न	ड	क	◌े	क	ञ	◌ै	◌्	न	ष	घ	ए	व
र	◌ं	न	र	◌ा	व	क	◌ा	ख	◌ो	र	◌ं	◌्	म	◌ा
र	स	ल	स	◌ु	र	ग	ज	ण	श	ग	◌ू	प	क	ह
म	◌्	◌्	◌ा	द	◌्	छ	◌्	◌्	क	र	न	म	र	◌ा
◌ं	क	◌े	म	◌े	ष	◌े	◌ै	ड	च	क	◌्	र	त	द
र	र	य	न	न	◌ा	र	व	ड	ब	र	न	◌ा	त	न
य	ण	न	य	◌ा	म	प	ड	आ	आ	य	प	य	◌ा	द

चावल
वर्षा
वापस
संस्करण
व्यापार
चार
रणनीति
चक्र
बाघ
लापरवाह
त्वरित
शुष्क
बढ़ने
दुकान
सीमा
खण्ड
अस्वीकार
वैज्ञानिक
निर्णय
कोमल

Puzzle 59

भ	म	◌ा	व	◌्	च	म	व	◌ी	य	◌ा	द	द	ज	◌ि
◌ा	द	◌ा	◌ौ	स	य	◌ी	र	प	◌ा	ष	य	◌ृ	◌ी	य
इ	व	अ	न	◌े	◌ी	ह	म	त	◌ि	ड	◌्	ष	व	म
◌ू	न	श	ख	स	भ	◌े	ड	◌़	ल	त	न	◌्	न	◌ौ
र	अ	◌ो	◌ी	क	◌ि	ड	◌्	य	◌ू	ट	◌ी	ट	क	न
च	◌ौ	थ	◌े	म	झ	क	न	क	◌े	क	म	◌ि	द	ल
◌ं	◌ि	श	र	ज	क	म	◌ो	◌ा	◌ा	◌े	◌ि	स	स	झ
व	◌ा	ट	र	◌ो	व	◌ा	र	य	त	◌्	च	ए	ख	फ
क	ग	◌ा	◌्	र	प	क	◌़	◌ू	◌ॅ	स	◌ं	◌ि	◌ा	न
आ	ई	आ	र	आ	ई	ए	स	◌े	ग	र	◌ी	ब	◌ी	◌ा
य	भ	◌ं	र	◌्	ल	स	च	स	◌े	◌ा	ध	◌ा	◌ि	च
न	च	थ	ल	◌ि	ट	न	भ	◌ि	◌्	न	◌ं	◌ै	म	त
ज	म	◌्	ब	◌ा	द	◌ी	त	◌्	◌ा	◌ै	◌ा	क	म	◌ु
◌्	च	स	ल	र	◌ा	◌ॅ	◌ि	◌ा	न	र	म	◌ा	त	र

चिमनी
गरीबी
मानसिक
चौथे
लक्ष्य
महीने
कमजोर
भाई
मां
मौन
चतुर
ड्यूटी
कंगारू
आईआरआईएस
स्केट
भेड़
सौदा
लिया
दृष्टि
जीवन

Puzzle 60

न	ज	◌ै	ल	त	◌ा	◌े	ह	◌ा	द	स	◌ा	र	◌ो	च
◌े	त	◌ा	◌ा	क	◌ु	श	द	ह	स	य	र	◌ं	च	◌ी
◌ा	न	◌्	र	म	◌े	ल	भ	म	◌्	त	◌्	स	◌ा	न
◌ं	◌ं	प	त	◌े	◌ू	◌ी	न	ठ	क	◌े	र	म	◌ौ	◌ी
◌्	ज	◌े	प	ज	र	ग	ल	◌ा	◌ो	◌ू	ब	◌्	न	प
◌्	◌े	◌ा	च	ब	◌ी	◌ं	◌ी	प	र	ज	ड	त	ि◌	◌ू
◌ी	स	◌ु	ऽ	◌ा	ह	ज	◌ा	न	◌ो	◌ं	◌़	र	ध	छ
न	◌ा	◌ी	म	न	◌ै	ि◌	क	अ	प	व	◌ा	द	◌ी	न
क	ल	ध	अ	ि◌	र	ि◌	◌्	क	ल	ज	म	◌ो	◌्	◌ा
न	उ	न	प	स	च	न	ज	◌ा	◌्	ब	क	म	◌ं	स
न	फ	त	च	◌ं	प	र	◌ो	◌़	य	प	◌े	◌्	◌ा	ह
ज	न	र	◌ा	भ	द	च	ख	ट	ह	ग	◌ो	◌ं	द	◌्
व	न	◌ा	त	◌ा	◌ू	र	◌ो	व	य	र	◌ू	◌ु	श	र
क	◌्	य	◌्	ल	◌ा	◌ु	ग	◌ा	र	◌्	न	◌्	◌ा	◌ं

संभाल
चीनी
मेजबान
नफरत
जंगली
कालीन
खोज
हादसा
कब्जा
पूछना
पाठ
अपवाद
स्तम्भ
रबड़
शुरू
स्कोर
गोंद
तुलना
ज़हर
जूते

Puzzle 61

व	◌ा	व	व	म	स	उ	ल	ड	◌ा	व	◌ा	◌ा	म	ट
भ	र	न	◌े	◌ु	न	म	क	न	ह	◌ा	◌ि	ल	ख	र
क	त	◌ं	प	ह	र	◌ो	◌ा	म	स	र	◌्	य	च	◌्
ब	◌ो	म	◌्	र	र	क	ट	◌ि	स	◌्	ल	◌ा	◌्	प
◌ू	न	क	ग	त	◌ि	व	◌ि	ध	◌ि	ष	◌ी	◌ा	र	◌ो
म	ज	क	◌ो	प	ह	ल	◌े	छ	ट	◌ि	क	क	च	◌ि
◌ा	ल	◌ा	य	◌ा	त	अ	श	ल	य	क	व	ब	क	र
द	त	ल	व	न	◌ा	◌्	आ	प	र	◌े	श	न	ग	स
◌ु	◌ं	◌ा	य	◌ा	◌ा	म	र	ल	◌्	◌ि	◌े	◌ा	त	फ
ख	स	ग	ह	◌ु	ख	ई	◌्	◌ु	र	◌ी	व	◌्	ल	◌े
◌ी	श	◌ू	त	ब	व	र	स	फ	ट	ल	र	ल	◌ा	र
त	ड	ग	श	◌ा	न	◌ा	ल	र	फ	◌ि	न	◌़	ड	◌ो
व	प	ग	ग	अ	न	स	व	ब	स	◌्	◌ा	L	◌ो	◌्
र	स	य	◌्	◌े	ह	र	◌्	य	आ	स	क	◌्	न	प

खलिहान
मुहर
खाता
पहले
भरने
प्लास्टिक
दुखी
रिपोर्ट
त्रुटि
युवा
समारोह
वकील
गतिविधि
बकाया
चर्च
आपरेशन
लागू
प्रोफेसर
कोको
वार्षिक

Puzzle 62

व	य	स	◌ं	र	फ	◌्	◌ा	व	म	स	◌ू	स	क	◌ा
न	ल	त	क	◌ा	◌ि	◌्	स	प	◌ु	म	न	र	◌ी	◌ा
ध	◌ा	◌ि	◌ा	ज	र	स	व	ई	क	◌ा	◌ा	ल	ल	◌ा
ड	◌े	ग	स	◌ा	◌़	ज	म	च	◌ु	ध	र	त	ज	◌ा
र	क	र	र	म	◌े	◌ा	त	◌ु	ट	◌ा	◌ं	◌ा	◌ै	◌ो
◌ू	अ	◌्	छ	◌ि	◌ि	ब	च	फ	द	न	ग	ल	क	ह
क	ह	प	◌ा	◌ि	क	न	◌्	◌ि	ह	◌ा	◌ी	भ	ई	व
◌ा	◌्	र	न	◌ा	प	म	च	ट	◌्	द	य	स	◌ा	प
र	र	◌ा	र	◌ि	◌ु	◌ा	उ	र	र	य	स	अ	श	◌्
◌्	श	◌ा	ख	◌ा	द	इ	न	च	र	ज	◌ा	फ	अ	र
य	प	◌्	र	त	◌ि	ख	◌ी	◌े	त	न	ड	ग	म	◌ा
◌ा	ज	र	ख	ल	◌ा	◌ि	◌्	द	ख	◌ी	◌ी	◌ु	झ	◌ं
ल	ड	◌ं	◌ै	ह	य	क	श	य	◌ा	ल	क	ह	स	त
य	ह	◌ॉ	क	◌ी	झ	म	ई	न	◌ं	◌े	प	◌ा	◌ि	◌े

प्रगति
कार्यालय
छिपाने
उच्चतम
हॉकी
नागरिक
हैंडल
अकेला
समुदाय
मुकुट
समाधान
फिट
फिर
मज़ा
गुहा
शाखा
प्रति
नारंगी
सरलता
राजा

Puzzle 63

त	द	◌े	न	प	त	◌ो	◌ि	◌्	क	ल	ऊ	◌्	ब	प
स	◌ं	प	◌ा	द	◌ि	त	◌ि	र	◌ि	◌े	र	◌्	म	◌्
प	◌े	अ	ज	ल	न	व	◌ो	◌ा	त	त	ल	स	◌ी	र
र	ग	न	य	ल	◌ी	ज	◌ि	ब	स	ब	क	◌ा	क	त
म	◌ी	◌ु	◌ो	◌ि	◌ि	◌ं	म	ह	र	ग	◌्	◌ं	स	◌ि
◌ि	र	स	◌ि	◌ृ	ह	त	न	स	च	◌े	◌े	छ	◌्	भ
ट	◌्	◌ू	र	◌ी	क	◌ा	◌ि	ध	अ	◌े	◌ू	◌ी	म	◌ा
◌ा	◌ु	च	प	◌ि	ध	◌े	◌्	श	◌ा	ल	न	प	य	ग
◌ी	म	◌ी	त	ह	◌ो	झ	◌ा	आ	◌े	ज	य	◌े	छ	◌ी
र	द	◌्	◌े	◌्	न	श	ट	◌े	◌्	स	उ	इ	◌्	◌ि
◌ा	◌ं	◌ि	◌ं	◌ॅ	◌े	त	ब	त	न	प	ढ	◌़	◌ा	ई
य	व	◌ा	द	न	ग	म	स	◌ा	◌ो	घ	क	त	र	◌ा
न	ई	◌्	◌ु	र	म	र	◌ा	र	य	◌ी	ल	◌ा	ल	ध
◌ि	◌ि	म	आ	न	◌ु	◌ै	द	◌ा	◌ी	◌ि	ब	◌ा	र	ब

मुर्गी
धोने
घने
पूरे
अधिकारी
अनुसूची
परियोजना
बिजली
संपादित
पढ़ाई
बहस
परमिट
संग्रह
गेंद
स्टेशन
सबक
केला
बधाई
तेंदुआ
प्रतिभागी

Puzzle 64

व	त	र	र	न	र	त	स	ऊ	फ	◌ै	◌ी	द	र	ल
फ	ब	स	न	◌े	◌़	थ	◌ा	◌ं	म	त	◌ा	थ	◌ि	श
◌ा	◌ं	आ	◌ा	च	स	◌ि	थ	च	त	◌ा	ज	◌ू	◌े	◌ौ
द	व	त	◌ु	◌ु	ध	स	◌ी	◌ा	ट	◌ि	स	ध	◌ॅ	◌्
◌ा	◌ा	झ	स	न	◌ि	◌्	◌ा	ई	◌्	त	◌्	◌्	◌ा	त
र	ट	व	प	◌ा	म	व	य	द	◌ु	◌ा	न	◌्	ट	य
श	◌ा	म	◌ा	व	◌्	य	क	◌ा	◌ा	क	◌े	क	ड	र
र	◌ा	क	ब	क	◌ा	◌्	स	◌ी	न	व	◌ी	ल	◌ा	◌ि
इ	र	◌ी	◌ा	L	न	व	◌्	◌ा	ग	◌ि	क	र	◌्	प
र	ष	◌ा	◌ं	◌ा	च	त	ट	◌्	◌ा	त	◌्	◌ै	ड	◌्
त	क	न	◌ी	क	न	ब	म	◌ि	ल	स	द	◌ू	र	क
ख	◌े	ल	न	म	◌े	ल	आ	◌्	प	◌्	र	ल	◌्	◌ो
ल	प	ध	ब	श	ज	फ	स	झ	◌ा	◌ा	म	ह	◌ा	ल
र	म	व	◌ि	ज	म	च	त	म	य	व	म	त	य	◌ं

बसने
लोकप्रिय
व्यवस्थित
केक
खेल
दूर
यार्ड
ऊंचाई
ध्यान
बनी
माप
मेल
साथी
मास्टर
सुना
तकनीक
वफादार
चुनाव
कस्टम
वास्तविकता

Puzzle 65

प	◌े	◌ं	ट	◌ि	◌ं	ग	व	व	◌ा	ह	अ	क	प	प
द	क	◌ॉ	र	श	क	आ	◌ि	◌ि	◌ि	र	र	◌ं	◌्	◌ि
ड	र	क	र	अ	◌ा	त	ज	◌ै	च	अ	न	क	र	घ
न	◌ो	◌्	ट	◌ं	◌ं	ल	◌ा	ध	◌ी	ल	ह	◌ा	भ	ल
स	ठ	ल	द	◌े	क	ग	त	त	न	न	◌ि	ल	◌ा	◌ा
म	क	◌ा	◌ा	न	ल	ल	◌ू	म	◌ा	क	◌ा	त	ग	ल
र	ब	उ	य	आ	◌ा	ल	◌ा	ठ	त	ज	◌े	◌ो	◌ा	च
◌्	◌ि	उ	◌ा	E	◌ा	क	◌ै	ट	◌ी	ट	◌्	◌ु	छ	◌ु
प	य	स	◌्	व	च	◌ा	ल	◌ि	त	र	◌ू	स	भ	प
◌ि	र	◌ा	ज	त	◌ी	प	◌ि	◌ु	न	ड	म	त	◌्	◌्
त	◌ा	◌ा	उ	न	क	◌ी	◌़	ड	क	ल	◌ि	ल	र	प
प	प	र	त	◌ा	फ	अ	झ	ल	◌ि	न	◌ि	◌्	म	◌ी
◌ू	◌्	म	क	ढ	ख	।	न	ल	ल	◌ु	◌ी	◌े	◌ि	◌ी
◌्	◌ा	त	◌ं	र	◌ा	न	ट	श	ख	◌ा	ड	ग	त	न

आने
पिघला
भ्रमित
दर्दनाक
बियर
समर्पित
कठोर
प्रभाग
कंकाल
ज्यादा
छुट्टी
स्वचालित
चालाक
चुप्पी
विचलित
पेंटिंग
सूरत
अंगूठी
लकड़ी
उनकी

Puzzle 66

च	◌ो	◌ा	न	त	ज	आ	◌्	ह	झ	ज	क	◌्	य	क
◌्	व	म	आ	◌ु	◌्	ट	स	प	क	व	◌ा	न	◌े	◌्
◌े	ल	◌ु	क	◌ो	प	र	ड	◌ा	च	◌ा	◌ा	◌्	आ	◌ु
य	म	◌े	र	◌ा	त	र	क	ट	न	◌ा	श	य	न	र
◌ि	श	र	ब	◌्	थ	◌ू	ट	◌्	व	◌ी	र	◌्	च	र
◌ि	द	स	◌्	क	◌ू	ट	र	र	◌ा	◌े	र	न	◌ो	म
य	व	ट	◌ू	म	द	◌ि	◌ी	क	◌े	र	त	च	र	◌ा
त	र	◌ि	◌ा	द	ह	◌्	क	च	स	द	◌्	न	◌ी	◌्
म	◌ि	ट	◌्	ट	◌ी	फ	◌ौ	ल	ब	न	स	◌े	ट	◌ी
ञ	ज	र	र	ध	ह	◌ा	न	प	◌े	◌्	द	E	◌ा	◌ु
र	न	र	◌ि	◌्	◌ृ	म	प	ढ	ट	र	र	च	क	य
◌ो	S	इ	◌ं	क	न	क	◌ा	◌्	◌े	◌ा	ब	श	◌ौ	ल
य	◌ा	आ	◌ी	◌ं	य	द	◌्	ग	◌ा	◌ी	ज	न	श	◌ो
प	स	न	उ	अ	◌ी	◌े	◌े	उ	ज	न	झ	◌ि	ल	प

दशमलव
स्कूटर
चोरी
आसानी
कमी
मेरा
कुल
बेटे
मिट्टी
वेतन
ट्रक
पकवान
करता
फ़िट
सेवा
डरपोक
नौकरी
जबरदस्त
टूथब्रश
कौशल

Puzzle 67

स	ि	व	ह	ट	ि	ि	ल	द	्	ं	़	प	म	र
झ	ं	़	ा	म	ा	प	न	ू	ड	द	झ़	द	न	स
ी	ट	झ	ब	ै	ठ	े	प	स	य	य	ं	ञ	ु	ा
घ	च	ी	र	य	ल	म	र	र	्	म	ड	ा	ध	ख
उ	त	्	स	ु	क	ि	ा	ा	्	म	ा	ष	्	क
ट	ा	ढ	त	्	ए	ा	द	ं	त	्	ा	म	्	व
े	द	ि	श	ा	ओ	ं	क	ा	ं	्	न	ख	ब	र
ल	ड	द	ट	क	ठ	उ	ठ	ह	द	न	र	प	्	्
ी	ि	ि	च	व	र	ी	ै	स	ा	ा	ु	र	ा	च
स	फ	ं	भ	ं	म	ा	ब	य	्	ॅ	उ	ट	ग	न
्	य	ध	ष	ी	E	म	ष	्	क	स	प	ो	्	े
क	ो	ठ	र	ु	न	े	स	स	ा	म	ग	्	र	ी
ो	्	ै	ब	्	ो	र	र	ह	स	त	ु	स	द	प
प	ि	्	म	ा	ब	उ	क	र	ु	ह	ब	र	आ	स

आदर
क्षमा
मापन
सामग्री
एकल
सक्षम
खबर
पीने
बैठे
बैठक
टेलीस्कोप
रहस्य
दादा
झंडा
दुख
दूसराँ
कहाँ
उत्सुक
दिशाओं
स्टोर

Puzzle 68

स	◌ी	◌्	श	य	◌ू	◌ा	प	ल	◌ि	◌्	क	प	स	व
◌ा	◌ं	◌ा	न	क	◌ो	◌ं	ट	◌ो	न	◌्	ग	र	◌्	◌ि
ब	◌ा	ग	ब	र	स	◌ा	त	ग	ह	न	◌ु	◌्	व	ट
◌ु	ह	◌्	◌्	म	◌ा	छ	य	◌ो	आ	◌ी	ड	य	◌ी	◌ा
र	ह	◌ो	ष	र	◌्	◌ी	श	◌ं	◌ा	आ	◌़	◌ा	क	म
र	◌ै	प	◌ि	ल	ह	क	म	◌ा	न	◌े	◌ि	व	◌ा	◌ि
ड	◌्	क	म	क	न	◌ा	ख	◌े	द	फ	य	र	र	न
प	◌ा	◌्	◌ी	◌ु	र	म	ल	◌ी	न	◌ि	◌ा	ण	◌ो	न
इ	द	ल	व	◌्	◌्	ग	भ	य	र	भ	◌ू	र	क	◌्
◌े	श	ग	◌ा	र	ट	र	◌ो	◌ा	न	◌ा	◌्	स	◌्	◌ि
प	◌्	ह	◌्	स	◌ै	म	च	◌ा	ष	ज	ल	◌ि	त	भ
ड	म	त	स	उ	प	च	ट	र	थ	◌ा	ल	◌्	◌ि	क
◌्	क	न	ल	◌्	व	◌्	स	◌े	श	◌्	◌ि	◌ि	र	◌़
ग	र	◌ा	ड	◌ि	◌ी	छ	त	घ	प	◌ा	◌े	र	प	म

कमाने
सर्कुलर
गुड़िया
शीर्ष
मगरमच्छ
डाला
संग्रहालय
पर्यावरण
लोगों
देखना
पैटने
स्वामी
भाषा
रहो
रैप
भिन्न
विटामिन
स्वीकारोक्ति
बरसात
क्लिप

Puzzle 69

म	ज	म	न	◌ु	न	◌े	र	र	प	म	◌्	छ	श	क
ट	ल	क	◌ं	◌ा	न	◌ा	श	र	◌ॅ	◌्	त	द	द	◌्
◌े	◌ि	प	◌े	◌ी	◌्	◌्	ज	◌ा	◌ा	र	र	ल	व	स
◌ा	ल	◌्	ल	प	क	त	अ	र	स	क	◌ा	◌े	ब	य
द	◌ी	◌ी	◌े	◌ू	य	श	म	क	◌ू	ग	फ	◌ा	स	श
क	ल	त	◌ी	◌्	द	◌ा	◌े	स	ल	ट	न	श	◌ु	◌ु
प	◌्	च	श	र	◌ा	◌ा	ज	◌ा	आ	◌ि	◌ा	◌ा	य	◌ी
क	◌ि	◌ि	क	◌ि	म	म	र	न	न	◌ं	ख	◌ा	य	◌्
◌्	ब	◌ा	र	ब	◌ा	र	◌्	ध	द	◌ू	◌ा	◌े	◌ो	स
ष	◌ा	◌ॅ	न	◌ा	र	◌्	ब	◌ा	ल	श	◌े	क	◌ं	◌ं
◌ि	ख	ह	◌ा	थ	आ	क	◌ा	◌ा	◌ा	◌ि	द	ब	◌्	स
य	उ	म	◌ा	स	◌ू	च	क	◌ा	◌ं	क	◌ा	क	क	◌्
◌ो	द	◌्	म	द	◌ा	ल	च	◌ी	न	◌ी	र	ख	◌ा	थ
◌ं	म	◌ु	क	◌्	त	श	◌ा	प	त	न	म	◌ं	◌्	◌ा

आलू
माना
शूटिंग
आरामदायक
मेजर
मुक्त
बिल्ली
दालचीनी
पक्षियों
देखा
सॉप
रखा
सूचकांक
संस्था
मतलब
हाथ
लिखें
प्रेस
क्यों
बार-बार

Puzzle 70

◌ो	◌ि	आ	न	◌़	न	प	स	◌़	च	◌ा	र	◌े	◌ि	◌ं
क	अ	◌ा	व	न	त	स	स	प	र	◌्	न	◌ा	◌ि	म
स	र	न	ल	◌ा	◌ा	द	◌्	ब	◌ी	द	◌ृ	श	◌्	य
म	त	◌्	◌े	म	ज	व	त	क	◌ा	ट	न	◌े	र	ज
◌ा	◌ा	क	त	स	स	ज	◌े	र	ख	भ	न	क	य	◌ि
य	◌ं	◌्	◌ो	व	न	न	म	थ	व	◌्	य	स	◌्	त
◌ो	ब	क	◌ं	◌्	◌्	र	ट	◌ी	◌ो	र	स	क	◌ो	◌ं
ज	◌ा	◌ि	ग	◌ी	ल	य	क	स	◌ा	न	◌ा	आ	त	स
◌ि	ब	र	◌ा	ब	र	◌ा	◌ं	◌ि	◌ा	न	व	◌ा	प	र
त	ग	अ	प	ग	◌ा	ट	स	स	क	न	य	◌ी	◌ं	◌्
य	श	च	अ	स	◌्	र	◌ा	◌ी	◌े	र	◌्	◌ि	ल	आ
क	प	◌्	र	◌़	◌्	र	आ	म	◌ु	◌ा	व	त	◌्	◌्
य	◌ी	इ	न	स	स	घ	◌ा	◌ं	◌ो	घ	न	र	च	◌्
प	◌ा	र	◌्	ट	◌ि	क	ल	फ	क	क	ड	◌़	◌ी	◌ा

सस्ते
दृश्य
बराबर
ग्राफ
व्यवसाय
रोटी
ककड़ी
घोंघा
मान
थीसिस

वजन
संकट
दालान
व्यस्त
कर्तव्य
आवाज़
समायोजित
तांबा
काटने
पार्टिकल

Puzzle 71

क	म	त	◌ा	र	श	◌े	ल	ब	◌़	न	ण	क	◌्	व
ण	◌ा	◌ु	ग	◌ो	य	ह	स	◌ा	ए	प	न	◌ा	ल	◌ि
स	म	र	य	उ	ज	त	ष	र	◌्	घ	◌ं	स	◌ि	म
ड	◌ू	◌ा	◌्	ट	ल	ग	◌ं	◌ौ	◌्	न	ब	र	◌ं	◌ा
न	ल	त	क	य	श	◌ि	◌ा	र	श	◌ि	◌्	◌ी	◌ो	न
◌़	◌़	◌्	स	◌ा	क	थ	द	◌ो	प	◌ि	ग	◌े	थ	◌ि
व	य	◌ि	न	◌ा	◌ा	◌्	◌ं	च	त	◌्	स	प	◌े	व
◌ा	◌ा	च	ल	त	◌ी	स	र	◌े	◌ं	झ	ल	उ	म	◌ी
म	◌ं	◌ं	E	ब	म	◌़	श	म	स	◌ं	ग	ठ	न	स
द	क	व	◌ी	म	◌ा	न	म	◌ा	ह	◌ू	◌ा	◌ै	◌ा	र
द	न	◌ा	◌ि	ल	न	ख	ट	श	◌ा	◌ा	प	◌्	र	ल
◌्	◌्	क	झ	श	आ	प	र	◌ा	र	ह	म	◌े	श	◌ा
◌़	न	क	श	र	◌ा	◌्	त	त	◌्	क	◌ा	ल	न	स
र	ल	◌ा	◌़	◌ि	◌ि	ल	◌ू	◌े	◌ु	क	ल	आ	◌ि	र

राशि
सहयोग
उलझ
बारी
स्थगित
पागल
तत्काल
विमान
हमेशा
मदद
विशाल
बताया
चित्रा
संघर्ष
गुणा
संगठन
विन
सरल
मूल्यांकन
कार्यक्रम

Puzzle 72

र	र	र	ा	म	फ	र	ब	ष	ा	घ	स	ख	क	ब
म	न	ब	द	ि	र	े	म	त	ल	ं	ा	ू	े	ु
त	थ	्	य	च	्	ि	श	ं	्	ू	़	ख	क	द
उ	ा	ा	ु	व	न	े	ख	ा	ि	स	ल	अ	ग	्
ि	छ	ा	ा	र	ी	द	द	ा	ा	ल	न	न	ब	ध
ि	ा	श	छ	्	च	र	द	ख	आ	त	फ	ु	्	ि
र	त	स	ै	ग	र	च	ा	य	ल	ि	ो	क	े	म
ु	्	र	छ	ौ	ा	ो	य	न	ग	्	ल	्	प	ा
ख	र	क	ा	ा	ल	क	ा	न	े	द	ी	र	ख	न
श	ु	ल	ध	ा	ी	र	र	़	्	ह	े	म	क	ा
ा	ु	र	ि	ं	द	ल	व	ू	त	ू	ट	त	ल	ट
अ	श	ि	ष	्	ट	क	ब	न	न	म	श	ण	न	ै
व	ि	श	्	व	स	न	ी	य	ँ	स	त	त	ि	ो
प	ढ	़	न	ा	क	ट	झ	ि	ा	ल	ब	व	ज	ड

वर्ग
अनुक्रम
खरीदने
विश्वसनीय
तथ्य
सिखाने
फर्नीचर
खुर
कलाकार
चाय
बुद्धिमान
समूह
छाता
पढ़ना
छात्र
टेलीफोन
सूंघ
शून्य
झटका
अशिष्ट

Puzzle 73

◌्	◌ी	य	ष	स	◌्	क	◌ी	इ	◌ं	ग	◌्	प	◌ा	झ
ल	◌्	◌ो	◌ा	◌े	य	म	श	◌्	ज	◌ा	र	◌ु	◌्	ढ
◌ू	य	ग	क	न	त	ज	म	◌ी	न	ड	◌ा	र	◌ी	न
ल	च	◌्	◌्	स	ि◌	र	◌ा	स	◌्	त	◌ा	◌ु	◌ु	अ
भ	क	य	◌ी	◌े	थ	◌ु	त	स	र	र	म	ष	ज	ई
◌ा	ि◌	आ	र	म	ि◌	स	द	व	र	न	म	◌ो	म	◌ो
प	च	◌ा	प	◌ू	◌्	ज	आ	क	ि◌	ल	◌ा	◌ं	◌ा	ह
ख	र	◌ी	द	◌ा	स	म	न	त	◌े	◌ो	ल	श	क	◌ं
य	न	व	क	ट	प	◌ी	र	◌्	◌ै	◌ू	ि◌	A	ह	न
च	द	ष	क	ड	उ	म	ह	ि◌	म	ट	आ	र	◌ी	प
ग	◌ु	ब	र	◌ै	ल	◌ा	ि◌	◌़	क	◌े	क	◌ी	◌ं	◌ौ
क	छ	◌ा	क	◌ु	◌ा	र	न	श	य	◌ा	◌ा	◌ू	ब	ध
च	न	◌ो	◌े	प	◌ु	क	◌ा	र	◌्	य	श	◌्	ि◌	◌ो
च	श	श	व	न	ख	प	म	त	र	◌े	ल	ष	म	◌ं

आदत
हालांकि
योग्य
कार्य
जन्मे
पुरुषों
पौधों
आकाश
पुरुष
परीक्षा
रास्ता
दुनिया
भाप
उपस्थिति
जमीन
कहीं
सेम
गुबरैला
स्कीइंग
खरीद

Puzzle 74

◌्	स	र	न	न	ख	न	◌ा	◌ं	र	◌्	प	न	म	प
ल	य	◌्	क	◌ा	य	त	ि◌	त	ल	◌ी	द	ि◌	अ	ट
अ	◌़	त	व	◌्	ट	◌ं	ल	अ	ि◌	य	◌ौ	म	स	◌्
ड	व	प	क	त	◌ु	◌ा	प	◌ं	स	◌े	र	◌ं	फ	ट
◌ा	ट	स	◌ी	◌्	◌ं	द	ल	त	ह	व	◌ा	त	ल	◌ी
इ	ट	ल	र	◌ा	ब	त	ग	ि◌	◌्	र	ट	◌्	र	श
व	त	न	ि◌	अ	झ	ल	◌्	म	◌ु	◌ो	◌ो	र	स	न
ि◌	◌ा	◌ा	◌े	◌ी	◌ं	व	◌्	र	त	ग	र	ण	ज	क
◌ं	त	◌ा	म	◌ा	ि◌	ड	व	ल	त	◌ी	ख	म	ल	◌े
ग	अ	च	अ	न	ब	◌ु	◌ा	स	र	◌ा	अ	◌्	व	◌े
र	र	◌ा	म	न	र	A	न	घ	◌ा	ए	छ	न	◌ा	ख
च	म	◌ा	◌े	इ	र	फ	◌ा	ब	न	◌ृ	◌ा	ि◌	य	◌े
ट	◌ा	म	ि◌	न	प	◌़	◌ं	म	र	र	◌ा	ट	◌ु	त
स	झ	आ	घ	द	प	म	स	◌े	ब	न	म	द	य	स

रोगी
अंतिम
खेत
साबुन
अमेरिकी
अवसर
असफल
डाइविंग
पट्टी
दांत
अखरोट
दौर
शर्ट
अंडा
जलवायु
तितली
स्वतंत्रता
हवा
निमंत्रण
पत्र

Puzzle 75

न	श	श	र	◌ी	र	म	◌ं	स	द	च	ध	र	प	इ
न	◌ा	श	प	◌ा	त	◌ी	च	ग	◌्	ब	◌ू	क	क	◌ं
◌ो	◌्	◌ा	ऐ	य	द	ख	◌ु	द	म	व	प	स	स	त
ई	य	◌ौ	स	य	◌े	◌ी	क	अ	◌्	◌ी	च	ह	आ	ज
◌ो	◌्	◌ि	◌े	◌ा	ख	स	◌ा	ड	भ	◌ं	त	◌्	◌्	◌ा
क	◌ै	व	ल	उ	भ	त	◌्	फ	◌ो	◌्	ह	च	छ	र
◌े	◌्	आ	◌्	न	◌ा	◌ू	◌ू	ट	न	◌े	य	क	थ	◌ा
प	◌ा	न	◌ी	क	ल	फ	न	◌ा	◌ी	त	र	◌ा	म	इ
◌्	ख	म	◌ि	◌े	◌ा	आ	द	◌ा	ह	म	ब	ड	स	◌ु
◌ा	क	◌ु	E	स	◌ा	उ	त	◌ा	द	ब	च	◌्	श	आ
◌ो	◌ी	र	◌ा	◌्	ल	ड	◌़	क	◌ी	◌ी	ट	य	◌ि	ढ
◌ं	झ	◌्	प	क	क	◌ी	ड	◌़	◌ा	◌्	द	प	ट	त
◌ृ	ग	ग	र	◌ू	श	न	द	स	ज	क	क	र	आ	म
◌े	आ	◌ा	र	ल	न	◌ो	◌्	स	ल	व	◌्	ज	◌ा	न

मुर्गा
स्वच्छ
ऐसे
कथा
कोई
पानी
दुखद
धूप
शरीर
अभ्यास
देखभाल
इंतजार
लड़की
स्कूल
इमारत
कीड़ा
केवल
स्टीम
उनके
नाशपाती

Puzzle 76

◌्	◌ं	ड	भ	अ	◌ु	◌ा	र	र	◌ो	उ	व	म	ए	स
◌ा	ज	ड	त	द	◌ँ	◌ा	च	स	व	क	म	◌ो	श	◌ु
ट	न	◌ा	◌ा	◌ृ	प	र	र	स	◌़	छ	◌ु	ट	त	र
◌ी	◌े	आ	श	श	◌्	र	न	◌ो	उ	प	स	र	◌ी	क
य	ट	ल	◌ै	◌्	फ	व	स	◌्	त	◌ु	◌ी	स	◌्	◌्
स	छ	◌ी	य	य	उ	◌ि	ट	य	प	च	ब	◌ा	म	ष
◌ा	◌ा	झ	◌ं	न	ग	◌ी	◌े	ह	र	च	त	इ	व	◌ि
◌ो	त	म	र	ह	◌ो	र	न	◌ु	◌्	◌ं	◌ा	क	◌ि	त
स	त	म	◌ा	क	◌ा	◌ं	ट	◌ा	द	प	आ	◌ि	त	◌ा
◌ा	प	◌ा	श	न	ढ	◌़	◌ो	ध	◌े	◌ं	क	ल	◌्	◌्
न	न	ज	अ	◌ा	ल	क	◌ी	द	◌्	च	व	ग	त	आ
न	◌ं	◌ु	◌ि	न	स	◌ि	◌ा	व	क	ट	र	क	◌ी	◌ि
व	◌ि	श	◌्	व	◌ा	स	व	र	◌ा	ज	ह	ख	य	म
म	◌ी	◌ा	र	व	◌ं	क	◌े	स	ण	ग	त	◌ी	च	म

फ्लैट
सोसायटी
पर्दे
वित्तीय
सामान
विश्वास
झील
कांटा
दोनों
अद्दश्य
मोटरसाइकिल
आपदा
हजार
मुसीबत
रहेगी
कारण
वस्तु
कंधे
सुरक्षित
चाँद

Puzzle 77

न	E	अ	छ	श	ो	म	म	ज	र	व	प	ि	्	न
य	न	ो	प	ि	्	श	ु	ृ	क	ि	न	्	ं	ा
ज	क	ा	ई	र	ा	ू	श	ॅ	ै	द	न	प	क	र
न	्	व	ा	स	ा	ल	्	ट	त	े	श	ि	न	ा
ा	क	ट	त	ी	ग	ध	क	ड	क	श	ा	ल	ि	ह
ि	ा	ो	ब	र	क	क	ि	्	क	ी	उ	्	व	अ
उ	म	्	र	ा	ा	ल	ल	ा	ष	प	च	ल	्	म
ा	ग	स	ा	र	क	ज	े	ो	ब	न	ि	ा	न	न
प	र	ं	र	ा	ग	ि	्	ा	ा	श	त	ल	म	्
अ	्	ा	्	ा	म	ं	ड	य	त	प	ह	च	ा	न
ि	स	य	ु	स	र	म	ं	आ	क	र	्	ष	क	च
े	्	्	ज	र	ि	्	फ	झ	ू	ठ	्	न	ड	व
स	क	E	स	ज	े	्	ा	ॅ	क	ल	ं	ख	ा	न
्	ि	य	ष	ी	ा	व	क	र	ञ	्	ि	्	स	ल

उम्र
गीत
राज्य
अस्सी
झूठ
विदेशी
मुश्किल
पहचान
जुर्राब
फंड
अपराध
बात
आकर्षक
पिल्ला
उचित
हिल
बताई
मंजिल
स्टोव
फ्रिज

Puzzle 78

◌ं	प	य	ल	◌ृ	◌ू	म	क	च	◌ो	प	व	न	त	◌ै
स	प	ज	◌े	प	ह	र	र	ह	◌ा	◌ि	ल	ट	म	◌ी
◌्	र	ई	ड	◌ा	न	◌ा	ष	त	◌ा	ह	◌ो	◌़	S	भ
र	र	ख	◌ी	◌्	र	◌ि	◌्	◌ा	त	न	त	आ	◌ू	◌ू
◌ो	ल	◌ा	◌ी	त	◌े	◌ी	◌ि	◌ं	◌ा	ढ	◌ी	◌े	न	ख
त	ट	◌ि	प	◌्	प	ण	◌ी	प	र	◌े	श	◌ा	न	◌े
म	◌ो	द	◌ू	क	ल	◌ा	स	ण	◌े	च	◌े	◌ा	न	स
◌ु	म	त	ब	◌ि	न	प	◌ा	क	क	◌्	न	र	◌ू	क
ह	ज	ग	य	न	◌े	व	न	प	◌्	◌ं	घ	◌ा	◌ा	◌ा
ब	◌्	ल	◌ा	◌े	स	र	◌ै	◌ी	◌ि	अ	त	◌्	क	ग
◌ी	र	त	न	उ	◌ा	◌ै	क	ग	व	क	र	स	◌ि	ज
◌्	◌ा	◌ी	च	◌ा	न	म	ल	न	न	◌ि	द	र	◌ा	न
स	ल	न	ण	◌ै	प	प	◌ं	◌ा	◌े	◌ि	◌्	र	◌ि	◌े
म	ह	◌ा	न	न	म	L	ग	◌ा	◌ी	न	◌ा	◌ो	◌े	◌ा

महान
कानून
कहानी
लेडी
स्रोत
बहुमत
कूद
मूल्य
मोटल
परेशान
वैगन
टिप्पणी
गलती
पेज
विक्रेता
भूखे
चाहते
कागज
दिखाई
बयान

Puzzle 79

ब	र	म	क	ख	◌े	ल	त	व	द	◌ा	न	ह	◌्	ब
न	क	◌ा	◌ो	◌ु	त	न	◌ि	र	ड	◌ू	क	◌ो	स	◌्
र	◌्	◌ि	श	◌ा	ह	स	स	◌ि	◌ा	र	त	◌ं	अ	ल
ड	ष	◌ि	◌ि	◌ी	र	◌ं	◌ि	ष	◌ा	◌े	र	ठ	प	◌ा
त	◌ा	ह	श	न	◌े	फ	स	◌्	◌ं	न	औ	◌े	न	उ
ड	◌ा	ल	न	◌ा	◌ी	न	अ	ठ	◌ि	◌ि	व	ठ	◌ा	ज
◌ि	ल	श	र	ट	◌ि	स	ध	क	◌्	स	त	ल	न	य
◌ै	◌्	◌ु	◌ं	◌ू	◌ी	◌ा	◌्	र	ल	◌ू	प	◌े	◌े	◌ी
त	◌्	ख	◌ि	फ	◌ं	क	य	म	◌्	र	◌्	ल	ज	◌ा
ल	◌ा	ग	त	म	◌ा	ल	◌ा	व	◌ी	ज	र	झ	◌ै	◌ि
क	क	◌ा	◌ा	त	प	◌्	य	◌ा	ऊ	क	क	र	ड	म
म	न	◌े	◌ो	◌ी	◌ै	क	क	◌्	ष	र	◌ा	क	◌्	◌्
◌े	◌ि	ल	◌े	त	न	प	य	म	न	◌्	श	र	E	◌ी
◌ं	म	◌ि	◌ा	र	ल	◌ा	म	◌़	म	◌ा	न	◌े	ज	क

अध्याय
लेखक
कक्ष
कोशिश
वरिष्ठ
औरत
डालना
प्रकाशन
होंठ
रक्षा
ठेठ
तेज
अपनाने
ब्लाउज
दूत
पूल
फूटना
सूरज
हंस
लागत

Puzzle 80

ग	द	ई	ब	◌ा	◌ं	ल	आ	व	म	च	ज	◌्	ह	◌ि
◌ा	◌ि	श	ण	र	ह	◌ा	द	उ	◌्	◌ि	◌ू	◌ं	◌ो	◌ा
◌े	ल	◌ा	य	ष	◌्	क	◌्	◌ा	स	◌ं	र	न	◌ं	क
क	ट	अ	ध	◌ि	क	फ	न	◌ि	ह	त	◌ा	र	त	◌ि
◌ि	ट	ल	म	म	ई	◌े	झ	त	ऊ	◌ि	◌ा	द	◌ा	प
ब	र	र	र	द	स	य	◌ा	ण	अ	त	◌ा	◌ा	ल	श
स	त	न	◌ा	क	द	ल	न	य	◌्	◌ि	द	◌ी	न	न
त	◌े	ल	द	स	◌्	त	◌ा	न	◌े	ड	◌ि	न	◌ि	अ
◌ा	◌ै	क	र	◌्	प	◌ं	स	◌ा	र	र	◌ा	E	र	◌ू
व	◌्	◌ा	म	य	च	◌ं	आ	प	च	प	◌ै	न	◌्	ञ
म	◌ो	ज	◌ा	◌ा	प	◌्	र	प	त	◌्	र	द	म	प
A	ल	◌ं	◌ं	व	न	◌ा	◌ी	स	क	व	ट	ड	◌ा	ग
ल	ड	◌़	क	◌ा	◌ा	त	◌ि	क	◌ृ	र	◌्	प	ण	◌ा
स	◌ं	ब	◌ं	ध	◌ि	त	◌ा	ट	◌े	क	◌े	◌ु	◌ो	य

दस्ताने
झण्डा
अधिक
साक्ष्य
मोजा
मानता
संबंधित
प्रकृति
लंबाई
उदाहरण
तेल
दिल
चिंतित
सीना
प्रपत्र
लड़का
आसान
संपर्क
बर्फ
निर्माण

Puzzle 81

◌्	◌ै	◌़	म	स	न	ग	भ	न	◌ा	◌े	स	य	◌ा	स
ह	ट	कं	घ	◌्	S	ठ	ग	◌ी	◌्	क	र	◌ं	◌्	ट
ज	ह	◌ा	ज	क	य	ब	ट	◌ि	त	◌े	◌्	त	प	ढ
◌ं	◌ू	ल	ब	◌े	र	◌ं	◌्	◌ि	ल	र	द	◌ा	य	◌ा
◌ि	◌ा	द	ड	ट	◌ी	ध	◌ि	ढ	त	◌ा	र	◌्	म	न
ख	◌ा	ई	◌़	◌ि	◌ु	न	◌े	◌े	ल	ठ	स	◌ा	स	◌्
आ	त	◌ै	◌े	◌ं	◌ि	ह	◌ं	ल	च	क	◌ं	◌़	◌े	◌ा
भ	व	◌्	य	ग	◌ी	ब	◌ं	◌ु	म	ज	र	ड	व	इ
र	◌े	ग	◌ि	स	◌्	त	◌ा	न	◌्	झ	◌े	ज	ष	◌े
ल	अ	◌ा	आ	य	य	◌ि	ब	छ	म	ख	ब	न	य	ग
अ	ई	◌ी	◌े	◌ि	क	म	ल	ग	च	इ	◌ा	◌ा	म	म
ड	स	◌ं	◌ा	◌ा	त	◌ृ	◌्	प	◌्	र	◌ा	च	◌ी	न
स	◌े	ण	◌ा	◌ं	ट	◌्	ल	क	◌ा	प	ट	ल	ल	◌ा
श	◌ा	ब	स	ल	म	स	◌े	◌ु	अ	र	क	र	◌ा	◌ि

लेने
नम्रता
बल्ले
रेगिस्तान
खाई
ठंड
सर्द
भव्य
बहन
प्राचीन

पत्ते
भीतर
चम्मच
बड़े
गिलास
ट्रंक
जहाज
गठबंधन
स्केटिंग
स्मृति

Puzzle 82

र	◌ा	न	◌ा	म	प	अ	◌ी	◌ा	ब	◌ि	ह	◌ि	क	व
द	स	ध	◌्	◌ं	ब	व	प	य	◌ा	◌ी	ल	आ	◌ा	श
◌ं	◌्	◌ो	र	ड	ध	◌ो	न	◌े	ज	न	इ	◌्	न	ह
ब	त	र	क	ण	ष	स	ल	◌ो	◌ा	◌ो	न	य	◌ू	त
ग	र	व	स	प	न	◌ा	ज	◌्	र	द	त	उ	न	◌ा
◌ं	ह	अ	◌ा	◌्	◌ु	न	र	◌़	ड	क	प	प	◌ी	श
द	आ	ज	◌ा	र	ध	◌ा	◌ा	◌्	◌ू	प	◌ु	◌े	ण	ल
◌ा	व	◌ं	प	द	र	◌ा	द	क	म	च	ध	क	◌्	च
◌ा	◌ि	न	ख	र	द	◌्	आ	◌ा	◌ी	ष	◌ी	◌्	क	प
◌्	क	थ	ग	स	◌्	◌ी	◌े	र	झ	र	◌़	ष	थ	◌ि
न	ल	◌ा	◌ा	च	◌ं	◌ा	◌्	◌े	ख	◌ा	◌ी	◌ा	त	अ
ह	◌्	न	श	क	इ	स	◌ु	◌ं	द	र	क	◌्	◌ी	◌ी
◌े	प	स	ग	ज	◌ै	◌ं	ल	र	◌ि	◌ि	क	ज	व	◌ू
फ	न	◌ि	◌े	न	थ	◌ा	छ	न	◌ी	◌ा	ट	◌ी	◌ि	◌ी

सुंदर
कानूनी
इंद्रधनुष
बोल्ड
बंदर
सपना
विकल्प
करतब
अवरोधन
अपमान

उपेक्षा
पकड़
चमकदार
दर्पण
हताश
गंदा
पक्षी
स्तर
बाजार
आंख

Puzzle 83

ा	ल	ह	ा	़	आ	आ	क	क	े	न	य	ट	उ	ह
स	व	अ	ो	ा	म	ब	क	ॉ	ल	प	्	े	म	ा
स	्	क	ी	ि	ं	ा	ह	य	फ	े	्	न	्	र
ी	च	झ	झ	ं	त	द	न	ा	ा	ी	़	ि	म	ल
स	र	ा	न	ी	्	ी	न	न	र	स	स	स	ी	स
ृ	ि	ग	ट	र	र	ी	े	च	्	ह	ं	र	द	क
स	प	न	े	ई	ण	र	ड	ा	र	म	क	ल	व	द
श	अ	ा	े	क	फ	ढ	़	ा	ब	द	ी	ख	ा	श
े	्	म	ो	म	र	ल	ो	ु	न	त	र	ू	र	ज
र	ा	ू	़	ि	ा	क	छ	्	न	च	्	न	त	अ
म	ी	घ	क	र	स	आ	ि	य	न	द	ण	स	र	ा
ा	े	य	द	्	ा	प	र	ह	र	य	ि	ह	ह	उ
ी	्	क	ण	क	ा	ि	र	ल	य	म	र	ी	ू	क
ब	ि	ा	न	प	च	ल	श	आ	े	क	्	ु	छ	र

टेनिस
छोड़ने
बीमार
चेरी
बाढ़
घूमना
आमंत्रण
उम्मीदवार
तरह
यहां

सिनेमा
संकीर्ण
जरूरत
क्रमिक
शेर
आबादी
सही
स्की
कॉफी
रानी

Puzzle 84

ख	◌्	प	◌्	क	द	व	न	स	◌्	ब	भ	◌े	◌्	म
ग	◌़	◌े	क	◌ि	व	◌ी	थ	◌्	◌ृ	प	स	◌ू	◌ा	य
आ	ण	र	च	च	◌ा	द	◌ा	व	ड	ह	र	ग	ल	क
म	◌्	◌ु	◌ा	न	◌्	◌्	◌ो	र	श	◌ा	◌े	प	◌ी	आ
प	न	अ	प	ब	स	व	क	◌्	◌्	◌़	र	ल	म	क
◌्	◌्	श	न	न	स	◌ं	न	ग	म	क	◌्	ख	न	◌ु
च	क	र	◌ी	क	◌ं	द	व	◌ि	ब	◌ु	स	न	व	स
प	◌ी	स	य	◌ी	र	◌्	◌्	◌ा	ट	न	र	ज	◌ि	क
ल	◌ा	य	◌ा	◌ो	ब	त	र	ट	न	◌े	ज	◌े	भ	◌्
द	◌ौ	र	◌ा	न	ग	◌ि	◌ि	अ	ख	◌ा	ड	◌़	◌ा	र
फ	◌ै	स	ल	◌े	छ	र	य	स	क	ल	◌ा	र	◌ा	◌ि
स	◌ं	स	◌ा	ध	न	◌्	क	र	न	प	आ	◌्	◌ु	य
त	◌ा	◌ू	न	र	◌ि	प	◌ि	र	◌ि	स	क	◌े	प	ग
◌ु	ड	न	◌ि	उ	प	ह	◌ा	र	ज	म	प	◌ा	◌ा	◌ि

दौरान
उपहार
भेजने
पृथ्वी
मक्खन
स्वाद
चरण
सक्रिय
ख़राब
प्रतिद्वंद्वी
संसाधन
भूल
मील
प्रयोग
अखाड़ा
किचन
फैसले
स्वर्ग
लाने
लाया

Puzzle 85

ौ	र	ो	ा	ग	ज	ब	न	न	झ	ग	स	न	इ	ध
म	र	ा	स	ौ	क	ख	ा	ा	उ	र	ं	य	ा	स
इ	ा	च	ट	ट	म	अ	द	ख	्	ी	ि	ी	्	्
म	त	ख	ो	ल	ज	ल	ा	क	ु	ल	छ	ि	स	क
व	क	ि	न	ह	ा	व	र	्	ू	प	उ	म	्	ा
आ	ा	थ	ह	उ	क	ू	ा	च	त	क	ा	ा	प	ण
र	्	र	प	ा	ह	ै	न	च	क	र	ग	ू	ं	अ
ी	द	य	प	द	स	स	र	ॅ	क	ी	ा	र	ज	र
ज	य	ा	ो	र	ा	े	ा	्	म	ब	ब	ी	ा	ा
न	ा	ज	ो	य	र	र	क	्	र	ॉ	स	ढ	ट	त
श	ा	र	ी	र	ि	क	्	क	र	े	ग	ा	़	न
स	ं	त	ु	ष	्	ट	च	थ	ा	र	ल	्	प	ी
े	न	न	अ	न	ु	स	ं	ध	ा	न	ी	म	प	क
क	न	श	ट	न	त	थ	ड	क	प	्	ा	म	र	ा

अंगूर
स्पंज
करेगा
योजना
रोया
वाहन
खोल
शारीरिक
पदार्थ
दया
करीब
संतुष्ट
मजाक
मीन
बढ़ी
अनुसंधान
पूर्व
क्रॉस
इतिहास
चाकू

Puzzle 86

अ	न	न	◌ा	ज	ल	क	ज	व	य	ब	ब	व	श	◌ा
उ	भ	व	च	◌े	ढ	स	त	◌ि	ह	स	च	◌े	◌ी	त
◌्	ल	◌ि	ड	द	◌े	फ	स	ज	◌ो	न	◌ा	◌ू	आ	◌ा
र	ग	◌ो	य	◌ी	◌्	◌ै	च	◌्	◌ा	अ	न	उ	◌ा	ध
प	◌े	ग	आ	◌ा	ग	य	◌्	ञ	म	◌ि	◌े	प	ल	द
ख	क	क	◌ू	द	न	ह	◌ि	◌ा	श	◌्	च	◌्	◌ु	◌्
ट	◌ा	◌्	छ	ड	◌़	◌ी	श	न	ल	ट	◌ो	र	◌े	ब
क	व	र	ष	ज	ट	◌ि	ल	आ	त	◌ं	क	क	◌ा	त
स	◌ं	ग	◌ी	त	म	य	◌ा	◌ू	आ	म	◌्	◌ा	◌ं	◌ि
म	न	◌ा	◌ै	◌ा	ल	◌ी	व	द	◌ा	◌्	ब	श	◌ु	र
र	◌ी	ज	ल	र	र	◌े	◌ा	ज	◌ि	द	ल	र	न	◌्
न	◌ु	उ	अ	र	◌्	ह	त	◌ा	ड	ध	◌ो	अ	◌ा	प
◌्	र	◌ी	र	न	ह	◌े	◌ा	◌ै	इ	न	न	◌े	◌ं	ल
◌ु	प	न	र	य	◌ू	◌ा	ग	र	स	◌ा	च	◌्	◌ि	त

छड़ी
प्रकाश
विज्ञान
बचाने
अर्हता
कोच
प्रतिबद्धता
सफेद
जटिल
दादी
आतंक
सहित
बेर
संगीतमय
शब्दावली
योग
पक्ष
उजागर
अभियान
अंत

Puzzle 87

अ	स	◌्	थ	◌ि	र	◌ा	म	◌ै	क	ष	क	न	क	व
म	च	◌ं	ल	◌ा	◌ं	प	◌्	र	ण	◌ा	ल	◌ी	◌ो	◌्
स	ल	श	च	त	र	◌ी	न	◌ै	ढ	क	◌ं	र	उ	य
च	◌्	उ	प	य	◌ु	क	◌्	त	E	◌्	◌े	◌ा	म	र
◌ै	◌ो	प	म	ण	◌े	न	◌ू	ल	र	र	◌ं	त	◌्	◌्
ब	घ	ट	र	ब	क	ज	◌्	व	अ	◌ु	च	व	म	थ
घ	ट	न	◌ा	◌्	◌्	◌ा	त	झ	न	स	त	◌ा	◌ी	ज
◌्	ल	◌ी	◌्	◌्	श	न	म	र	◌ी	◌्	क	र	द	आ
ष	ष	ज	◌ु	◌ा	◌ं	व	क	◌ि	द	उ	ब	ह	व	क
च	य	◌ी	◌्	ब	त	र	क	य	श	◌ु	◌ू	ठ	त	श
ए	ज	◌े	◌ं	ट	न	◌ो	◌ा	न	◌्	न	◌ा	ख	◌ी	स
न	म	◌ी	ब	त	य	◌ं	क	◌ा	श	◌ा	◌ा	◌ी	त	◌्
◌ि	म	ह	◌्	ई	◌्	ज	व	द	◌्	त	म	◌्	◌ा	ल
ट	◌ो	क	र	◌ी	ण	◌ि	न	◌ी	स	स	त	र	◌ि	न

।मिशन
उम्मीद
जानवरों
सुरक्षा
चोट
व्यर्थ
उपयुक्त
एजेंट
नमी
टोकरी
बैच
कैमरा
घटना
अस्थिर
ठहराव
सीखना
प्रणाली
स्पर्श
जीता
क्रीम

Puzzle 88

श	भ	◌ा	र	◌ी	स	◌ी	र	क	अ	ध	◌्	व	न	◌ि
ट	◌ु	क	क	◌ि	ल	◌ा	◌े	◌्	प	न	ञ	अ	◌्	ल
र	र	क	क	ज	◌ा	प	छ	र	न	र	ब	न	◌े	◌ो
न	म	अ	◌्	ट	ह	◌ू	न	◌ै	◌े	त	◌ि	ल	◌े	क
◌ू	घ	अ	फ	र	◌ा	र	◌ो	श	ठ	र	र	र	◌े	त
ढ	◌ी	ल	◌ा	ड	व	◌ा	र	ह	◌े	◌ं	◌्	न	उ	◌ा
त	◌ं	म	◌्	अ	◌ी	◌ा	◌्	द	ऊ	◌ि	ढ	फ	फ	◌ं
क	क	◌ं	◌े	फ	◌ं	य	र	◌ू	र	न	द	◌्	र	त
श	◌ि	क	◌्	ष	क	त	ट	◌ो	ल	आ	◌्	◌िं	◌्	◌्
स	म	र	ज	न	◌ि	श	र	◌ं	स	क	ह	ल	म	र
द	◌ू	◌ो	क	ख	प	ऽ	◌ा	◌ि	◌ा	र	◌्	◌्	ल	◌ि
◌ा	र	◌ी	र	न	◌्	◌ं	थ	◌्	क	न	क	म	र	क
◌ी	श	ल	◌ा	य	द	ट	◌ु	◌ी	प	◌्	◌ी	च	◌ि	◌ि
ब	स	◌्	त	◌ा	ह	र	स	ऊ	न	क	ष	◌ा	न	न

शुक्रवार
अंतरिक्ष
अपने
पूरा
ठंढ
उन्हें
सलाह
फ़िल्म
सुथरा
फर्म

भारी
ध्वनि
ढीला
शिक्षक
कंघी
फेंक
लोकतांत्रिक
बस्ता
क्रैश
निरंतर

Puzzle 89

स	◌्	◌ू	◌ा	न	◌ी	व	◌ं	◌ा	ग	प	र	व	अ	य
र	◌्	◌्	◌े	अ	र	स	◌्	द	◌ि	◌ॉ	क	◌ा	ध	◌ा
न	◌ि	र	◌ा	श	म	◌ा	◌ं	◌ो	◌़	ल	◌ा	स	◌ि	प
स	◌े	◌ी	र	त	च	◌ी	त	◌ा	ब	◌ि	र	म	न	त
ग	र	क	न	◌ि	ज	व	र	◌्	◌ा	स	◌्	◌ा	◌ि	थ
र	◌ु	उ	प	च	◌ा	र	य	च	द	◌ी	◌ी	न	य	◌ा
र	◌्	ब	द	ल	त	◌ा	◌ा	प	व	◌ा	आ	ट	म	प
उ	प	य	◌्	च	ट	म	◌ो	म	ब	त	◌्	त	◌ी	◌ि
◌ा	स	त	◌ै	ब	◌ि	◌ू	ब	◌ा	स	र	◌ी	ल	य	ल
◌़	ब	फ	◌ि	◌े	◌ा	क	◌्	ष	◌े	त	◌्	र	र	ज
प	◌ृ	◌ि	ह	त	◌े	र	व	स	ज	क	व	स	◌्	◌ा
अ	◌ं	ध	◌े	र	◌े	◌ं	◌ा	द	व	◌ा	य	◌्	न	ध
म	◌ा	◌ं	क	प	◌ा	◌ा	फ	त	ल	द	ब	क	◌ि	न
◌ा	ब	◌्	◌ा	ब	त	◌ै	र	◌ा	क	◌ी	◌ै	अ	◌ॅ	ण

तैराकी
मोमबत्ती
गुब्बारा
अमीर
बातचीत
कार
क्षेत्र
निराश
तथापि
पॉलिसी
अक्सर
अंधेरे
सार्वजनिक
धन्यवाद
गांव
उपचार
वसा
वास
स्टूल
अधिनियम

Puzzle 90

◌ा	र	◌े	इ	◌ी	◌ी	◌ा	ड	ल	स	स	ग	फ	◌ी	◌ा
◌्	ह	ज	स	ल	य	◌ा	◌्	म	◌ि	◌ि	ड	र	◌ा	च
स	◌्	न	◌े	ह	◌ा	◌ा	र	र	य	ख	◌ी	स	◌ा	न
भ	◌ि	त	◌्	त	◌ि	ज	◌ै	◌ी	श	◌ा	क	◌्	र	क
र	र	य	च	ज	◌ा	प	ग	प	◌्	य	◌्	◌्	ग	◌ी
◌ा	◌ा	◌ं	◌ं	◌ी	क	◌ि	न	◌ी	र	◌ा	स	ब	क	त
क	◌ा	◌्	द	◌ं	◌ू	ब	फ	◌ै	म	◌ि	ल	◌ु	◌ं	प
न	श	त	◌्	◌ू	ल	◌ी	◌्	ब	ब	◌ि	व	च	र	◌ी
◌े	◌ा	अ	र	प	◌ा	ड	ल	◌ि	ग	न	◌ा	ह	र	◌ू
द	ब	◌ा	व	च	त	ई	◌ा	◌ं	प	र	ल	ऽ	न	◌ी
द	◌ा	◌ी	व	◌ा	फ	ल	ई	द	◌ं	◌ू	प	स	◌ा	अ
क	ण	स	ठ	◌े	न	ए	र	◌ु	श	प	श	क	य	प
स	ट	ल	◌ा	झ	म	स	ह	भ	◌ा	ग	◌ि	त	◌ा	न
क	क	न	ख	◌्	क	ए	द	◌़	त	र	अ	◌ै	◌्	◌ी

बिंदु
स्नेह
सहभागिता
चंद्र
पूंजी
अपनी
इलाज
दबाव
सिखाया
बूंद
ड्रैगनफ्लाइ
समझा
अत्यंत
नमक
भित्ति
फोन
एसएलईडी
सीख
कर्कशा
परिवहन

Puzzle 91

◌्	व	ग	त	◌़	अ	ज	र	◌ी	◌्	फ	◌ी	स	ड	ट
◌्	र	क	◌ु	न	◌्	ड	न	◌ं	ल	ब	◌ि	E	न	न
ब	◌ा	न	◌ो	ण	भ	त	◌ं	◌्	स	◌े	च	आ	य	◌ि
◌े	ज	◌ो	◌ा	व	व	ब	ख	ट	म	ह	क	ख	र	स
य	ख	ल	ट	क	◌ा	त	त	त	ल	द	◌ॅ	◌े	◌्	◌ं
ध	◌ा	◌े	◌े	व	ह	◌े	◌्	व	य	श	◌ि	द	स	य
क	श	ज	त	◌ॉ	र	र	आ	त	त	अ	◌ु	न	◌ै	◌ो
श	स	ब	स	◌े	क	ल	ई	ल	◌ा	◌ि	स	व	◌ं	ज
◌ि	◌ं	◌ा	◌ु	श	◌ी	ख	◌ु	श	◌ी	◌ु	ख	च	ड	न
◌्	च	ह	◌़	◌ी	म	त	◌ि	◌ा	च	क	◌ी	त	व	य
◌्	◌ा	◌ै	◌े	◌े	र	◌ृ	व	द	स	◌ी	र	◌ै	◌ि	W
◌्	ढ	◌े	ह	व	◌ा	व	त	◌ी	न	व	क	◌ा	च	ट
◌ी	ण	◌ं	◌ा	म	झ	न	आ	र	ल	◌ी	द	◌ो	।	ब
◌़	◌े	◌ा	य	ह	द	द	र	अ	द	◌ं	म	क	ढ	र

कॉलेज
खुशी-खुशी
कदम
खेद
संयोजन
चेस
जेल
सबसे
गुणवत्ता
लटका
जन्मदिन
सैंडविच
रहा
रेत
मवेशी
शादी
कीवी
सिलाई
स्तंभ
फ्रीज

Puzzle 92

प	ज	र	◌ा	न	◌ी	क	◌ु	क	त	व	◌ा	न	य	स
च	र	◌ो	क	क	क	व	य	ज	◌ी	◌ं	◌ू	प	◌ा	भ
◌ं	ग	◌्	ख	◌ो	र	◌ि	व	व	◌ा	◌ा	स	व	◌ा	◌ी
ख	आ	◌ि	च	◌ि	आ	त	◌े	ख	◌ा	ग	◌ै	◌ा	ठ	◌ा
◌े	◌े	म	◌ा	◌ी	म	◌ा	◌ा	◌ा	इ	◌ं	◌्	◌ि	उ	य
◌ा	च	ल	ज	ब	र	द	स	◌्	त	न	ल	व	◌े	म
ढ	◌ा	◌ा	न	◌ा	त	ग	छ	म	झ	◌ा	◌े	क	◌्	म
◌े	ठ	◌्	◌े	◌े	ह	◌ा	म	क	प	◌ा	◌ि	◌ु	आ	ह
य	◌ै	स	◌़	◌ा	ल	उ	क	र	स	य	इ	ल	◌्	◌ि
◌ा	द	क	◌ा	म	◌े	त	ग	◌ा	ल	◌ा	क	◌ा	ल	ल
◌े	र	त	ज	◌ा	छ	◌्	आ	ड	◌ी	न	◌ा	य	◌्	◌ा
न	◌ू	र	स	◌े	ज	त	◌ा	◌ं	◌ि	च	ई	◌ो	◌ि	ओ
ल	◌े	न	◌ा	ग	ज	र	◌ा	फ	◌ा	◌ो	क	◌ि	ग	◌ं
◌्	स	ज	य	ग	◌ि	◌ी	◌ी	स	ज	◌्	न	आ	उ	ट

माहिलाओं
जोखिम
चिंता
सभी
कविता
कुक
खेलने
उत्तर
उठाया
पर्ची

इकाई
जबरदस्त
भाप
खेत
फंड
लागत
रानी
वसा
गांव
पूंजी

Puzzle 93

◌ी	ऊ	र	स	झ	◌ी	ल	ब	ब	य	र	म	◌ौ	◌ॅ	◌्
फ	◌ि	ल	◌्	म	ब	◌ी	◌ं	◌े	◌ा	म	च	ह	ग	◌ॅ
◌ी	र	द	र	स	र	द	द	न	◌ा	◌ो	◌्	◌्	व	म
ब	◌ा	त	च	◌ी	त	◌ा	र	प	द	ल	छ	र	◌ै	◌ा
ज	ज	क	त	ल	ष	ल	◌ा	◌ी	◌्	◌े	र	◌्	ग	ढ
◌ा	भ	न	ज	य	◌ो	◌ं	स	◌ो	र	र	◌ू	◌े	न	श
◌्	र	ई	◌्	◌ु	द	म	◌ं	ट	◌ा	◌ू	क	न	ग	◌्
स	आ	◌ा	न	म	◌ा	अ	क	य	क	◌ै	◌ी	◌ा	◌ा	◌ा
म	◌ा	क	ख	◌ि	द	आ	म	◌ो	ण	ल	आ	त	श	◌े
◌ा	य	न	◌ा	त	व	◌ि	◌े	◌ा	◌ा	ट	◌ा	र	अ	न
न	क	र	◌ि	ग	◌ा	न	न	ध	म	क	क	क	न	स
प	◌्	र	◌ौ	द	◌्	य	◌ो	ग	◌ि	क	◌ी	र	◌ा	ह
◌ी	◌ं	न	◌े	◌ा	स	L	◌्	स	◌ु	थ	र	◌ा	त	र
ल	आ	प	य	◌ा	त	◌्	र	◌ा	ज	◌े	ल	च	र	न

दोष
मच्छर
टोपी
फिल्म
समान
यात्रा
प्रौद्योगिकी
नागरिक
करता
कलाकार
झील
वैगन
प्रकाशन
बंदर
स्वाद
सुथरा
बातचीत
जन्मदिन
जेल
संयोजन

Puzzle 94

य	क	य	स	म	ह	◌ो	न	◌े	ड	◌ा	◌ं	अ	प	म
क	स	◌ृ	ट	म	◌े	◌ा	◌ा	ख	◌ा	य	ल	◌े	र	र
म	स	◌े	◌ा	न	आ	ि◌	◌ा	ढ	ल	स	व	ट	◌ृ	◌ी
ब	द	ऊ	र	न	ड	क	म	ल	◌ा	त	◌ा	◌ु	द	छ
व	◌े	श	ड	◌़	◌ा	ण	◌े	◌ी	स	प	न	र	◌े	च
उ	द	◌ा	◌ृ	◌ृ	र	र	ि◌	◌ा	य	ि◌	ब	ब	स	◌े
◌ू	र	◌ं	ग	न	व	व	◌ौ	प	अ	क	◌े	म	र	र
श	छ	◌े	W	श	आ	य	◌ा	◌ु	न	फ	◌ा	◌ू	त	◌ी
ट	◌ै	म	श	क	क	◌ा	च	द	◌ु	ख	न	ल	ठ	द
न	च	ल	स	म	ग	◌ृ	र	र	र	व	ि◌	श	◌ा	ल
स	छ	च	◌ी	ब	◌ी	र	ि◌	◌े	◌ो	स	व	◌ा	र	◌ी
व	फ	◌ू	ल	ह	य	प	य	च	ध	र	◌ृ	ग	क	क
प	◌ृ	र	त	ि◌	ब	ि◌	◌ं	ब	ि◌	त	द	य	◌ृ	त
प	◌े	त	न	य	न	र	न	◌ृ	श	ल	छ	ड	ि◌	प

बीच
खुद
होने
आया
शैली
प्रतिबिंबित
मेकअप
रेशमी
में
अनुरोध
तूफान
सवारी
कस्टम
पर्यावरण
डाला
माना
विशाल
अंडा
पर्दे
चेरी

Puzzle 95

म	अ	द	◌्	य	त	न	र	ण	च	◌ु	न	◌ा	व	स
व	◌ु	न	आ	न	स	◌्	ट	◌ा	र	म	ध	व	य	म
द	प	श	उ	ञ	भ	स	स	ए	क	ध	◌ा	ध	ख	◌ी
◌े	ण	र	◌्	◌ा	◌े	ल	प	◌ॉ	उ	ब	◌ा	◌ं	ल	क
ख	◌ि	◌्	य	क	◌़	र	◌ी	◌ा	◌्	र	स	◌ा	क	◌्
न	◌्	द	◌ि	र	◌ि	य	प	◌ि	न	स	प	◌ा	स	ष
◌ा	य	र	◌्	◌े	म	ल	◌्	◌ि	◌़	फ	ध	च	◌ा	◌ा
◌्	◌े	◌्	स	◌्	र	क	◌ु	म	य	◌े	त	◌ु	स	◌े
न	र	प	◌ा	ब	क	◌ा	च	न	◌ि	र	◌्	न	ह	आ
ज	◌ा	ओ	च	◌ा	◌ु	◌्	◌े	ल	ध	◌ो	प	◌ौ	ए	स
आ	◌ा	◌्	व	◌्	◌ो	त	◌्	क	र	◌्	म	त	ढ	भ
◌ी	र	म	ल	◌ा	न	त	◌ि	च	उ	प	व	◌ी	◌ै	◌ा
ज	आ	।	स	छ	ट	प	ल	ग	◌्	अ	न	न	◌़	त
त	स	ग	स	◌ी	र	थ	◌ं	◌्	◌ं	उ	ढ	◌ा	◌ि	स

रक्त
चुनौती
स्टार
लंबा
ब्रेक
समीक्षा
प्रदर्शन
एहसास
साधारण
जाओ
अद्यतन
प्रोफेसर
चुनाव
चुप्पी
देखना
तत्काल
उचित
मुश्किल
ध्वनि
फ़िल्म

Puzzle 96

◌ं	◌ु	◌ा	य	ख	प	◌्	र	◌े	◌ू	प	स	अ	ि◌	◌ा
स	◌ा	ब	◌ु	न	◌़	र	◌ी	ग	ठ	र	द	◌ं	◌ो	ग
प	◌े	ल	द	◌े	◌ीं	र	◌्	स	क	ि◌	क	त	न	न
ि◌	◌ा	व	◌्	प	न	थ	◌ा	ि◌	ल	व	ि◌	ि◌	ल	स
◌्	आ	◌ु	र	◌ा	W	ह	◌ा	ब	त	र	◌ा	म	इ	स
फ	न	ि◌	र	ि◌	ज	स	अ	◌्	य	◌्	प	◌ा	◌ो	◌्
स	◌ा	त	ड	छ	◌े	फ	क	ड	स	त	न	र	य	न
ज	ई	◌ा	◌्	ब	◌्	ल	◌ू	◌ा	भ	न	ब	आ	म	ल
ल	◌ु	र	ड	द	स	न	थ	ि◌	श	न	ज	◌ा	◌ँ	च
व	र्	◌ा	ि◌	◌़	आ	ध	ि◌	क	◌ा	र	ि◌	क	त	र
◌ा	◌े	◌ा	उ	ह	◌ा	थ	◌ी	◌ं	◌़	ि◌	ि◌	◌ा	ल	◌ा
य	◌ा	म	◌ी	र	◌्	क	स	ल	ि◌	◌ु	प	द	◌्	य
◌ु	◌ी	न	◌्	◌ा	स	च	◌ु	◌ा	◌ु	इ	क	◌ं	र्	त
व	◌ू	न	◌्	◌ं	स	न	र	ट	क	◌ू	◌्	स	त	र

सात
आधिकारिक
सफल
परिवर्तन
पुलिसकर्मी
भालू
हाथी
जाँच
टुकड़ा
आराम

स्थानीय
गोंद
छिपाने
पूरे
स्कूटर
जलवायु
साबुन
अंतिम
इमारत
ख़राब

Puzzle 97

म	ख	◌ा	न	◌े	ल	म	◌ा	ल	◌े	◌ी	र	◌ै	ग	ड
न	ह	श	द	र	ड	म	◌ू	◌ा	◌ा	इ	स	◌ा	प	◌ि
◌ॅ	त	त	म	◌ा	◌़	◌्	ध	ल	अ	न	◌ू	न	न	ज
थ	म	◌ा	◌्	क	क	ध	ब	◌्	ब	◌े	द	◌ा	र	◌ा
◌ो	◌्	आ	ज	व	◌ी	◌ी	◌ु	◌ि	ग	ट	अ	त	◌ा	इ
न	◌्	◌ी	◌ो	◌्	प	ल	उ	ब	◌ं	◌ु	ट	प	◌ा	न
◌े	◌ा	◌े	स	◌ा	न	◌ू	◌ि	ट	फ	घ	ल	◌ी	म	त
◌्	ह	E	◌ा	र	◌ा	◌ं	र	◌ी	क	◌ो	ट	क	◌ो	च
र	क	उ	◌े	र	भ	ल	र	◌्	◌ु	द	क	ह	◌ी	◌ं
च	◌्	◌ा	ज	प	म	◌ा	◌ा	च	ण	ओ	◌ि	न	◌्	◌े
प	◌्	र	त	◌ि	य	◌ो	ग	◌ि	त	◌ा	ख	क	◌ि	व
क	◌ा	र	◌्	य	क	र	◌्	त	◌ा	त	◌ॅ	र	ह	◌ा
ह	र	◌्	◌ो	य	◌ा	◌ू	◌्	◌ा	य	ब	अ	त	◌ि	◌ो
क	◌े	त	ल	◌ी	म	र	र	प	र	आ	अ	ब	◌े	◌ा

खाने
मारा
महत्वपूर्ण
प्रतियोगिता
कार्यकर्ता
दुर्लभ
घुटने
धब्बेदार
डिजाइन
मूल
पता
बिल्ला
बताओ
केतली
कहीं
लड़की
करतब
मील
कोच
टोकरी

Puzzle 98

द	◌्	◌ा	ब	◌्	ल	भ	◌ो	◌ी	◌ी	स	ग	च	ब	◌ा
क	◌ु	क	ट	त	र	◌ू	ब	ल	य	◌्	ब	द	◌ी	च
त	व	क	◌़	र	ज	म	प	म	◌ा	ज	द	स	य	ध
छ	ड	◌़	◌ा	◌ौ	च	ि◌	ि◌	◌े	स	◌्	न	म	र	◌ी
व	◌ा	प	प	न	आ	क	न	◌ा	भ	◌ू	ग	◌ो	ल	स
क	न	◌़	ल	ब	श	◌ा	क	◌ृ	◌्	ञ	द	म	◌ा	◌्
अ	र	ि◌	◌ॅ	◌ा	◌्	त	ग	त	ि◌	क	◌्	य	◌्	व
ग	न	◌ं	◌ो	ज	च	स	ड	◌े	स	◌्	क	त	क	र
ह	◌ो	◌ु	L	◌े	र	ट	य	◌ू	प	◌्	◌ं	क	अ	म
स	र	र	म	म	◌्	ड	◌्	र	◌ा	इ	व	र	ख	◌ा
ट	◌ो	◌्	ग	त	य	र	◌ा	ज	ध	◌ा	न	◌ी	र	न
व	क	च	ह	र	ि◌	प	ट	◌्	L	◌्	◌े	◌ा	◌ो	त
स	◌्	व	◌ा	द	ि◌	ष	◌्	ट	◌्	ह	◌ो	ब	ट	◌ा
प	◌्	र	त	ि◌	द	◌्	व	◌ं	द	◌्	व	◌ी	◌्	आ

राजधानी
डेस्क
अनुमति
पिन
स्वादिष्ट
व्यक्तिगत
चौड़ा
सोच
भूमिका
बीयर
ड्राइवर
स्वर
भूगोल
आश्चर्य
कंप्यूटर
दुकान
मेजबान
अखरोट
मानता
प्रतिद्वंद्वी

Puzzle 99

ग	◌ं	त	प	◌ा	स	◌ै	◌ं	ड	व	◌ि	च	त	◌ि	त
◌ु	श	◌ो	◌ि	क	क	अ	न	प	श	घ	◌ो	◌ं	घ	◌ा
र	न	ड	ख	क	ल	ड	ड	त	ह	◌ू	◌्	न	र	र
◌ु	ह	र	प	◌ा	◌ा	◌ि	य	क	◌ो	◌ो	ड	◌ि	◌्	◌े
त	◌ु	य	◌्	र	◌ा	◌्	ध	ल	◌े	◌ू	ल	◌्	न	क
◌्	व	अ	न	◌ु	क	◌ू	ल	◌ो	ब	◌ि	ड	◌ी	◌ू	◌्
व	न	◌्	प	र	व	◌ा	ह	र	ल	◌्	अ	च	न	◌ि
◌ा	◌ृ	र	य	न	क	ट	◌ि	क	◌्	र	आ	◌ौ	क	व
क	◌ा	य	◌ी	स	ल	◌्	म	न	क	त	◌्	थ	ल	र
र	त	स	◌ा	न	◌्	च	र	ब	स	◌्	क	◌े	ब	◌ं
◌्	◌े	◌ी	य	अ	न	त	L	◌ि	र	ह	◌ै	न	◌े	ग
ष	क	◌्	प	◌े	र	◌ि	न	◌ो	य	ख	म	अ	ह	◌ी
ण	प	◌्	र	त	◌ि	भ	◌ा	र	◌्	◌ा	र	न	त	न
◌ै	त	◌्	क	◌ी	थ	◌्	◌ं	र	◌ि	प	◌ा	◌ो	र	◌्

होली
नकल
निरपेक्ष
आर्कटिक
बेहोश
पतंग
रंगीन
गुरुत्वाकर्षण
प्रतिभा
क्रिया
रोबिन
अनुकूल
परवाह
बेहतर
चौथे
व्यस्त
घोंघा
विक्रेता
कैमरा
सैंडविच

Puzzle 100

◌ा	फ	◌ं	ख	◌ा	प	भ	र	◌ृ	र	क	र	स	स	◌ा
म	र	आ	उ	आ	त	◌ू	क	व	◌ौ	म	य	◌ु	ह	ज
अ	◌ि	◌ि	ब	न	◌ृ	ख	◌े	◌ृ	र	त	स	प	भ	उ
भ	ब	ठ	ल	◌े	र	◌े	◌ा	क	ल	ज	ग	◌ू	◌ा	ल
◌ि	ह	त	◌ा	प	◌ि	त	◌ा	◌ा	म	अ	श	ध	ग	◌ा
न	◌ी	प	◌ा	ई	क	ट	घ	ख	र	व	व	त	◌ि	◌ृ
◌े	र	त	त	य	◌ा	ह	त	ज	◌ं	अ	ह	ड	त	ब
त	ट	◌ी	ट	◌ृ	◌ि	म	छ	ल	◌ौ	म	ह	◌ो	◌ा	प
◌ा	◌ो	ड	◌े	स	र	◌े	र	म	ज	◌े	प	◌ो	ह	ल
त	प	ढ	◌ा	ह	व	ल	◌ृ	म	◌ृ	र	फ	श	ट	◌ृ
◌ं	प	स	◌ी	र	न	च	न	र	क	◌ि	स	ग	◌ु	ल
◌ृ	न	◌ा	र	ण	क	◌ि	◌ो	क	◌ृ	क	व	ट	◌ृ	◌ं
स	म	◌ृ	म	◌े	ल	न	ट	त	◌ा	न	र	इ	◌ु	◌ृ
आ	◌ि	न	घ	त	य	◌े	प	◌ु	क	◌ि	त	◌ू	र	◌े

मातापिता
तालाब
घटक
अभिनेता
सम्मेलन
होटल
मिठाई
अमेरिकन
पत्रिका
नोट
लागू
आने
मिट्टी
रहस्य
पत्र
धूप
भूखे
ब्लाउज
फर्म
सहभागिता

Puzzle 1

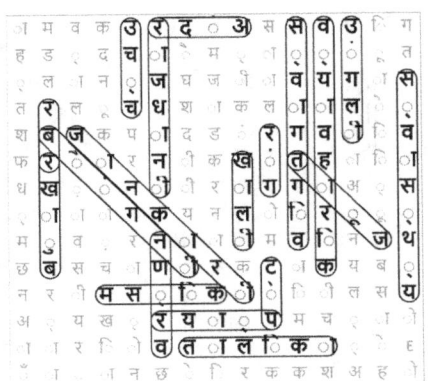

Puzzle 2

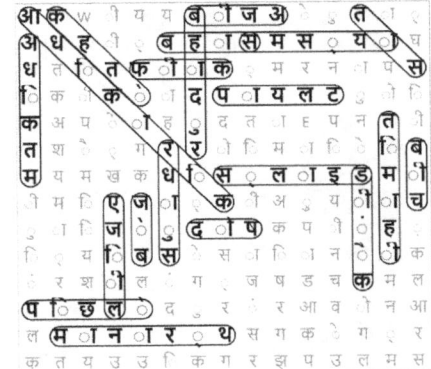

Puzzle 3

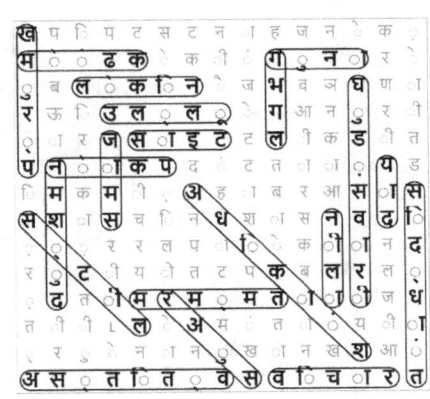

Puzzle 4

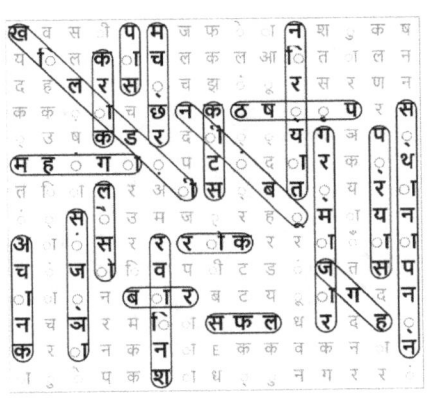

Puzzle 5

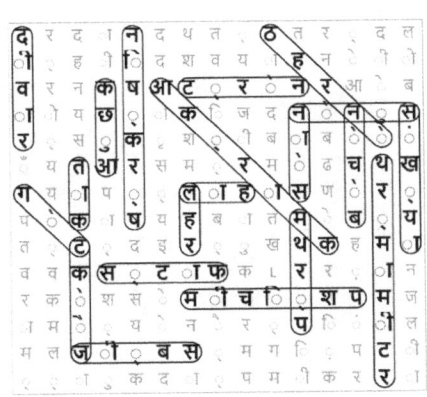

Puzzle 6

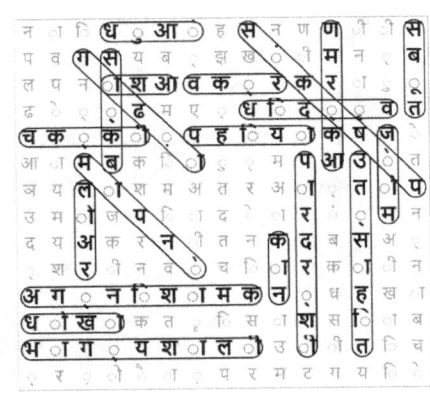

Puzzle 7

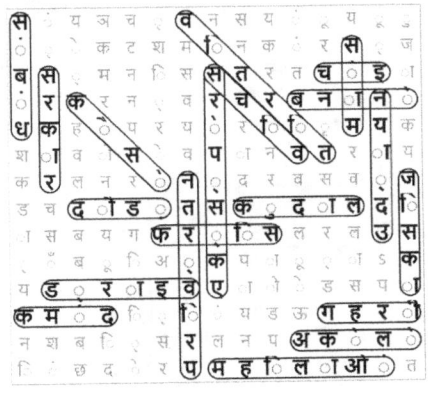

Puzzle 8

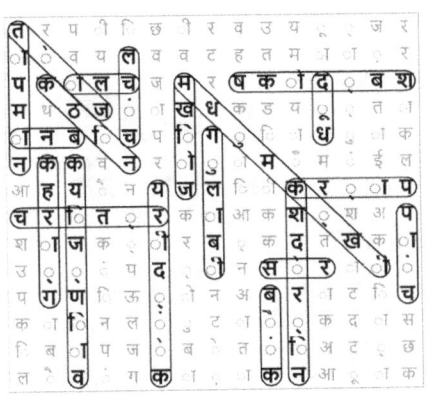

Puzzle 9

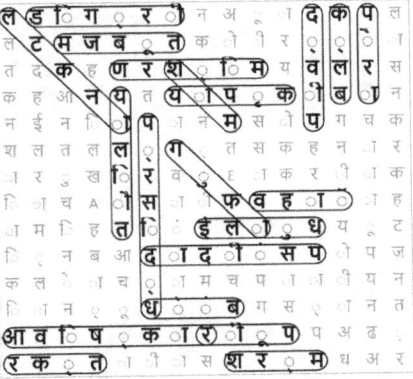

Puzzle 10

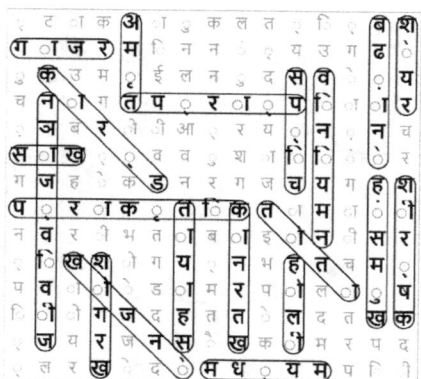

Puzzle 11

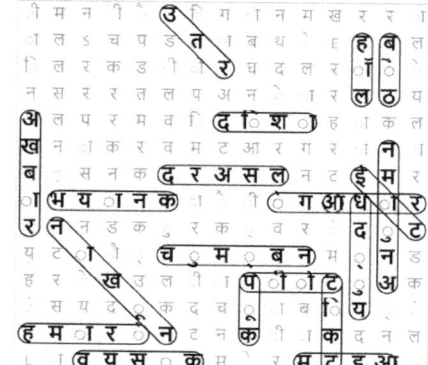

Puzzle 12

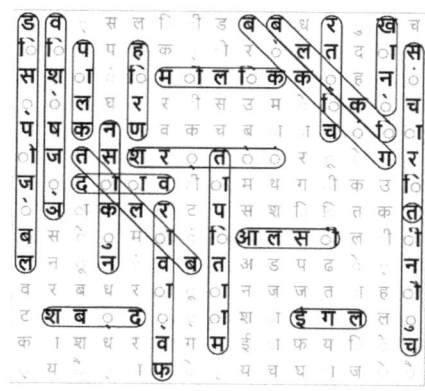

Puzzle 13

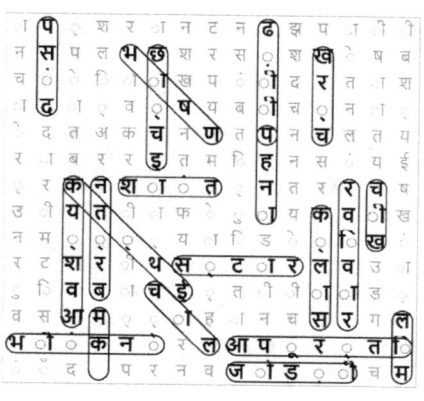

Puzzle 14

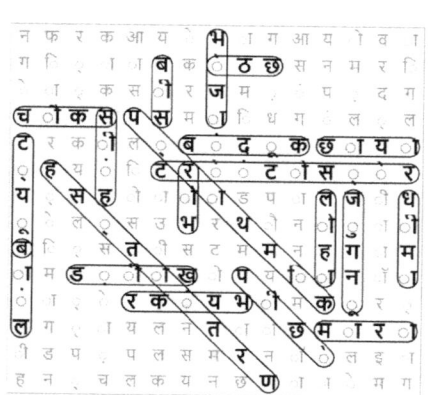

Puzzle 15

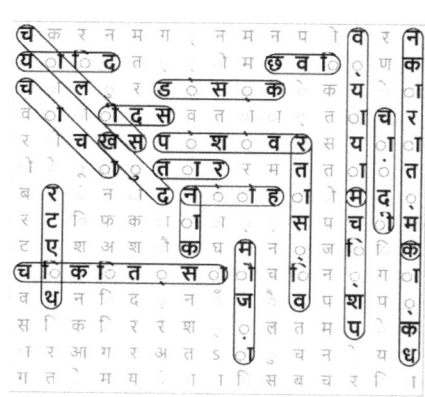

Puzzle 16

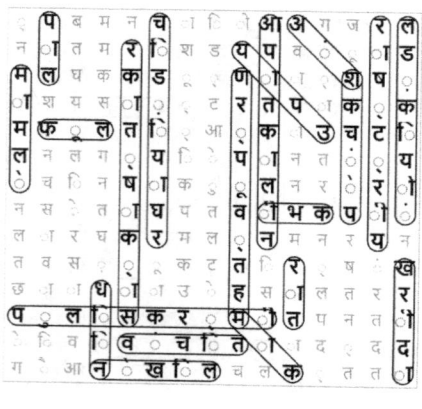

Puzzle 17

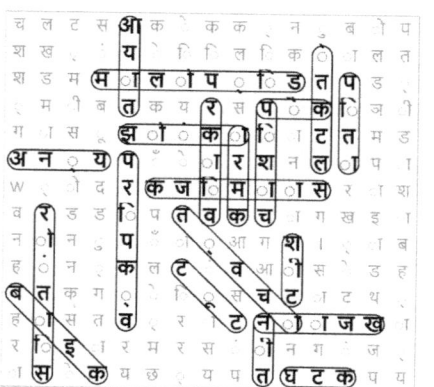

Puzzle 18

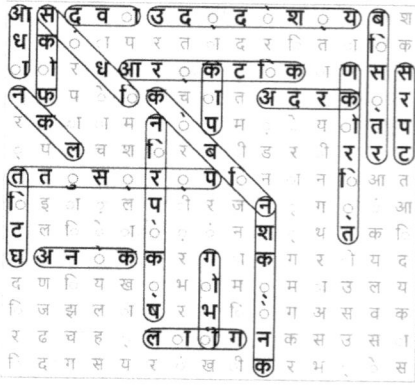

Puzzle 19

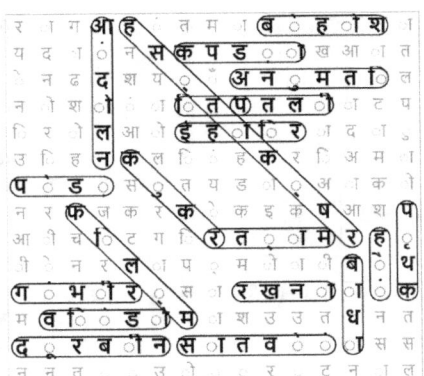

Puzzle 20

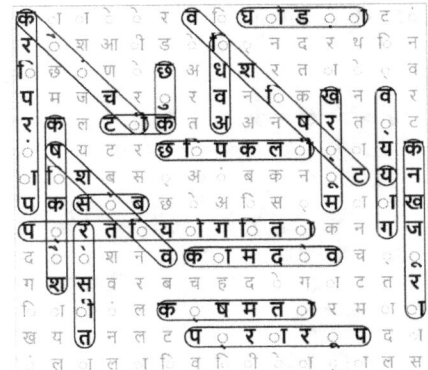

Puzzle 21

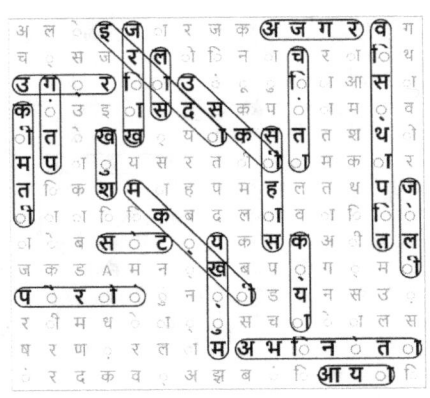

Puzzle 22

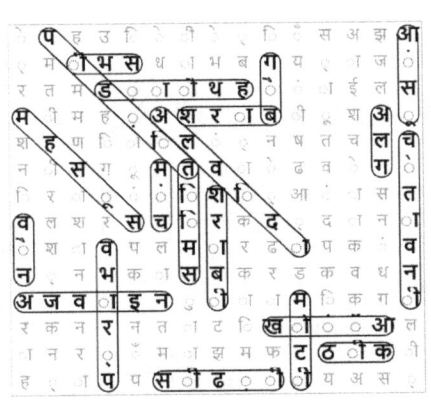

Puzzle 23

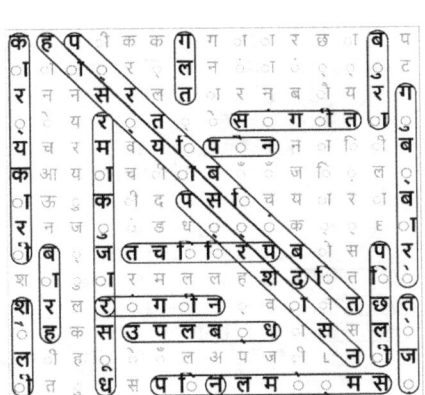

Puzzle 24

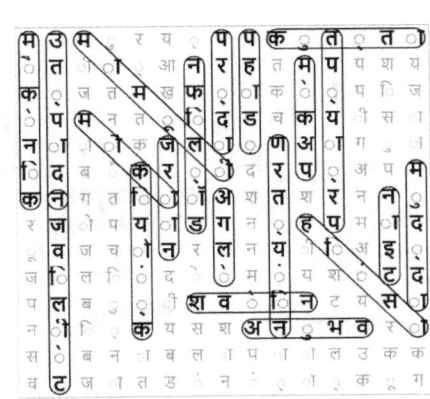

Puzzle 25

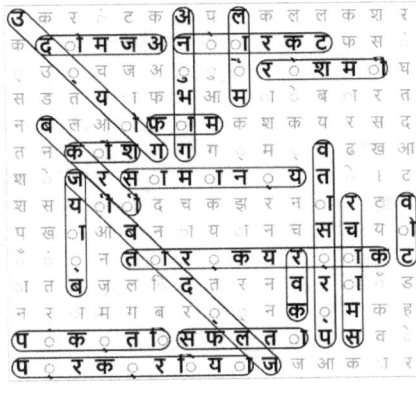

Puzzle 26

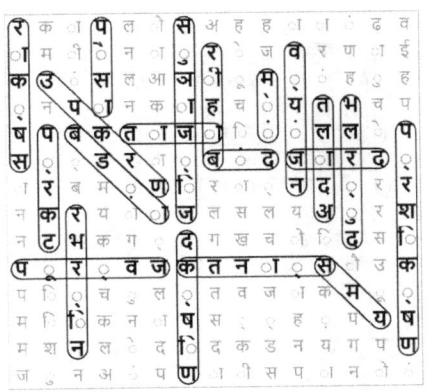

Puzzle 27

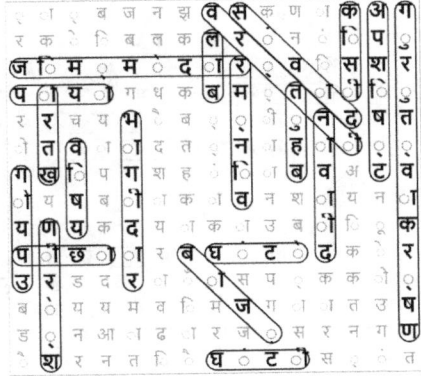

Puzzle 28

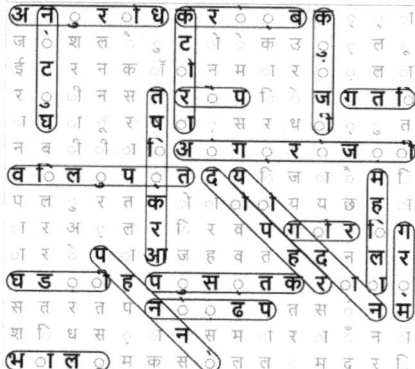

Puzzle 29

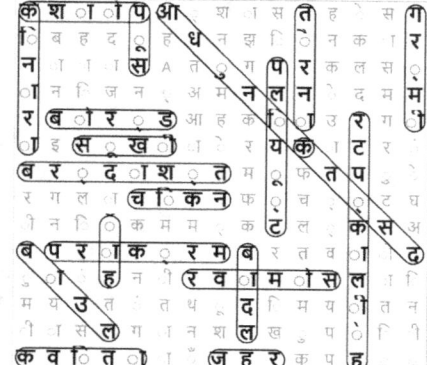

Puzzle 30

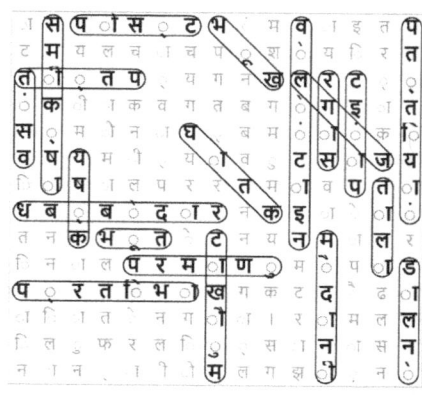

Puzzle 31

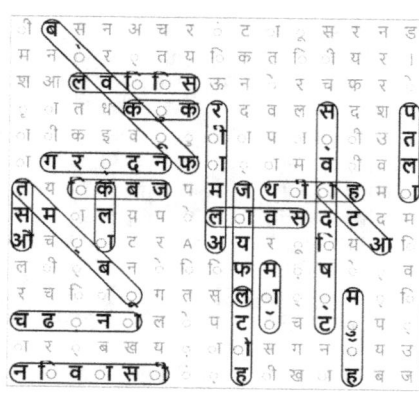

Puzzle 32

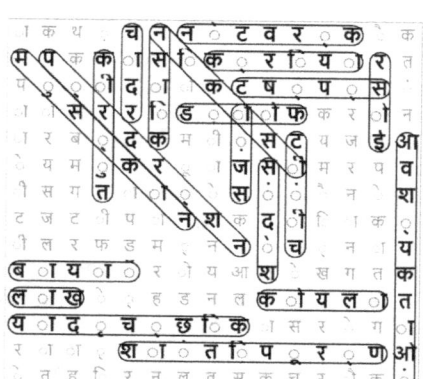

Puzzle 33

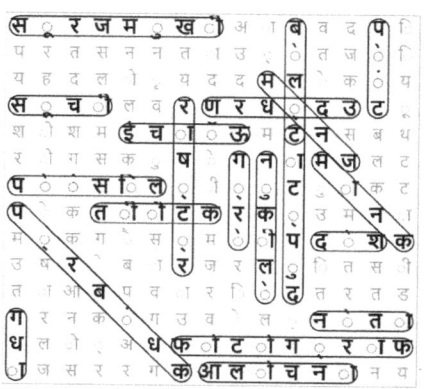

Puzzle 34

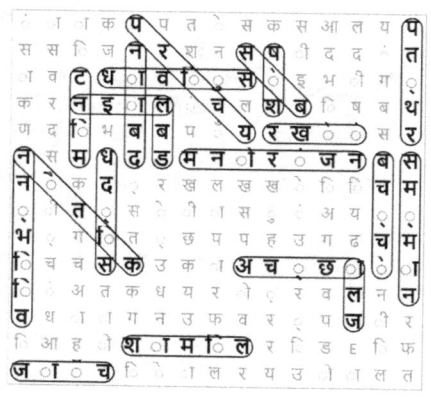

Puzzle 35

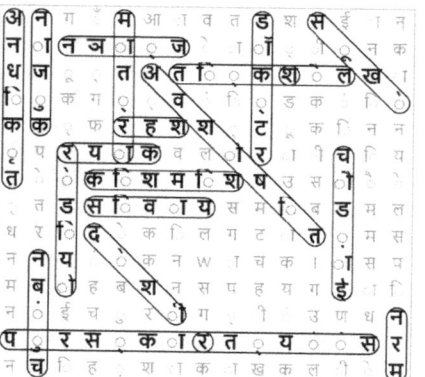

Puzzle 36

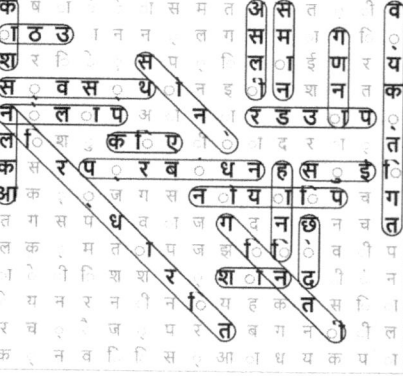

Puzzle 37

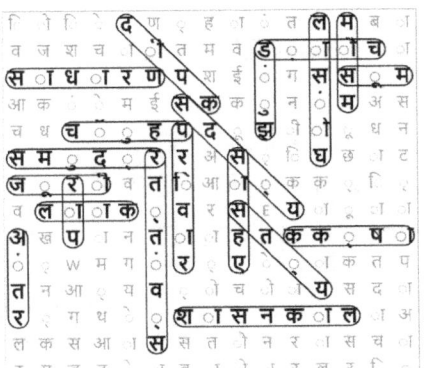

Puzzle 38

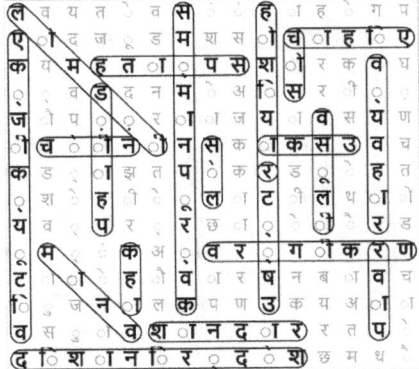

Puzzle 39

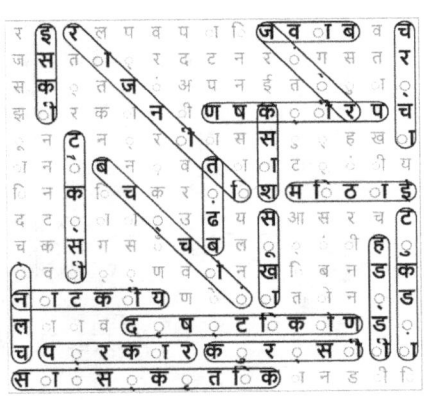

Puzzle 40

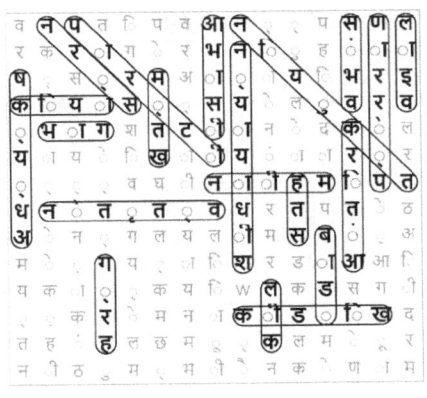

Puzzle 41

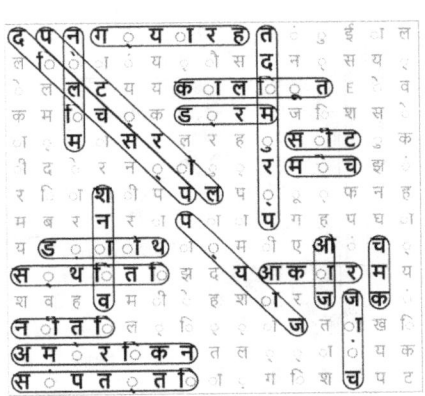

Puzzle 42

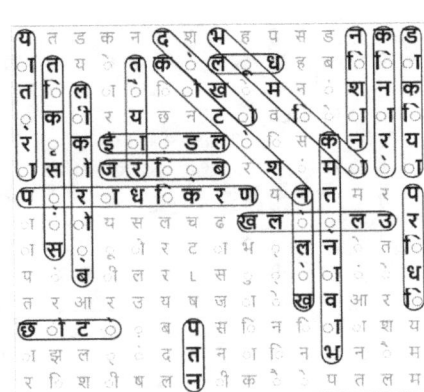

Puzzle 43

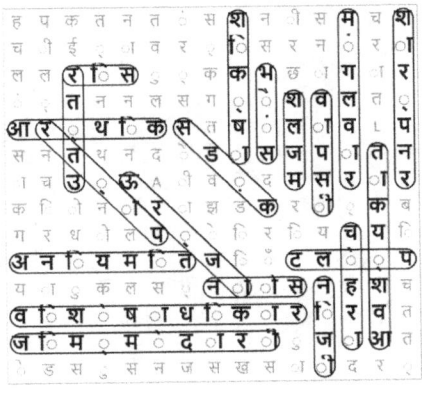

Puzzle 44

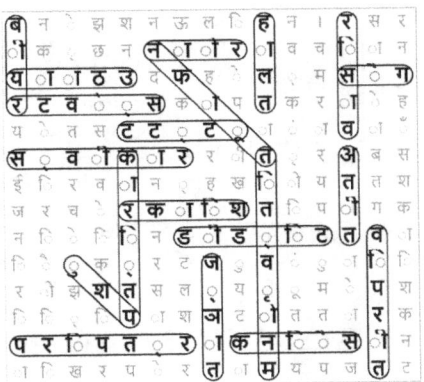

Puzzle 45

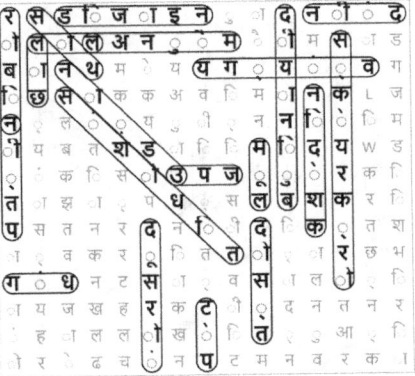

Puzzle 46

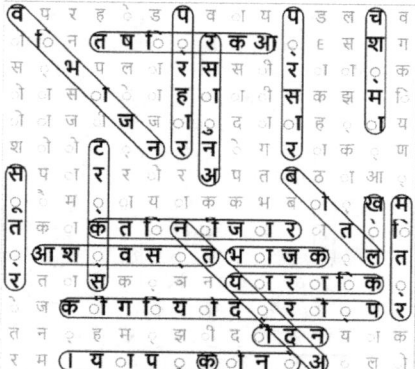

Puzzle 47

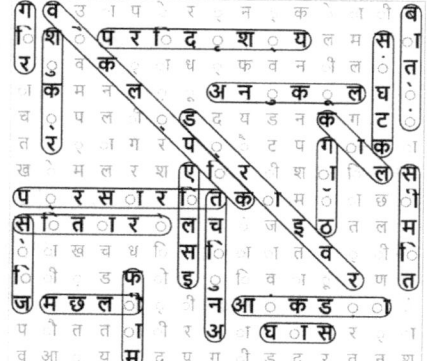

Puzzle 48

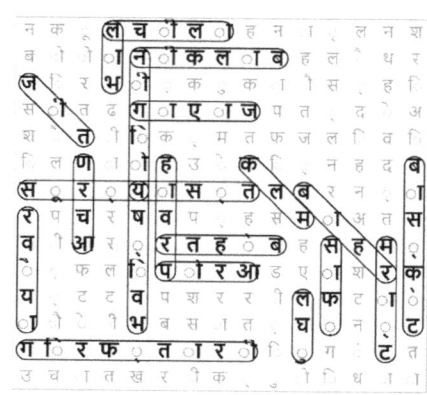

Puzzle 49

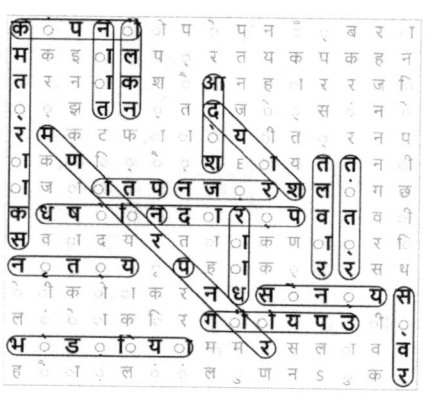

Puzzle 50

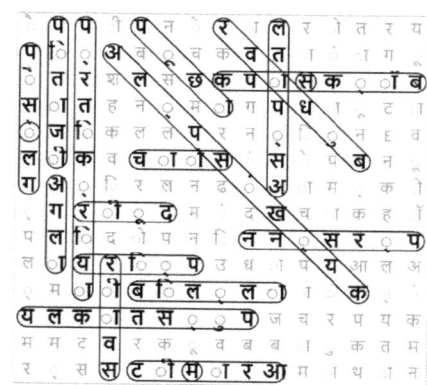

Puzzle 51

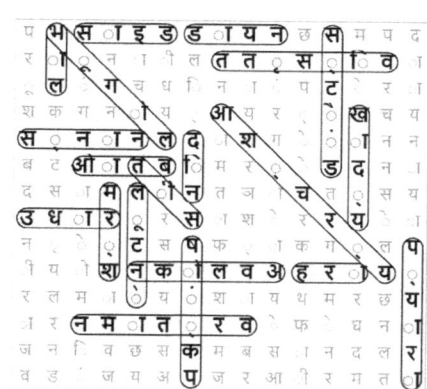

Puzzle 52

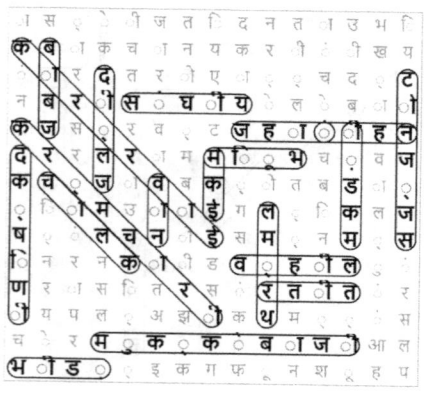

Puzzle 53

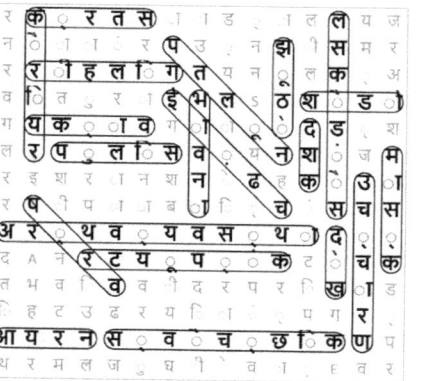

Puzzle 54

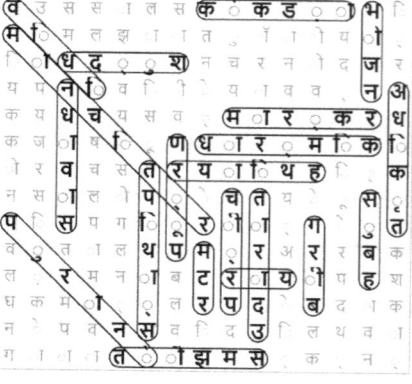

Puzzle 55

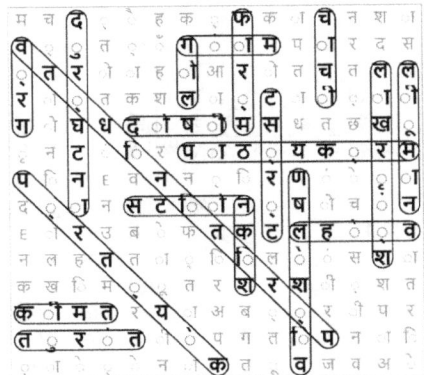

Puzzle 56

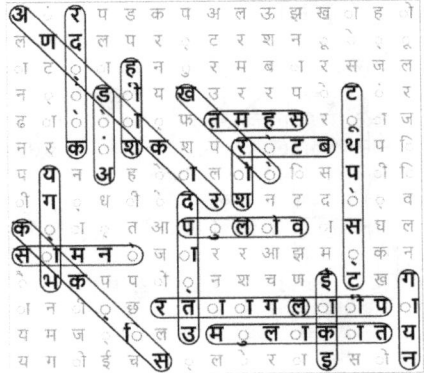

Puzzle 57

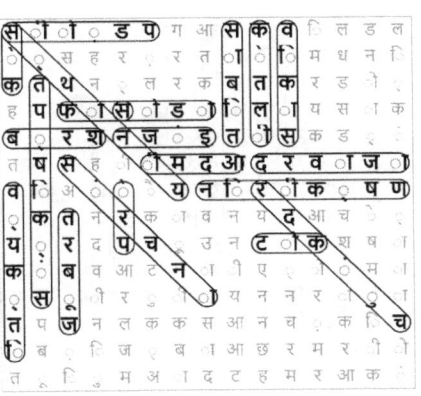

Puzzle 58

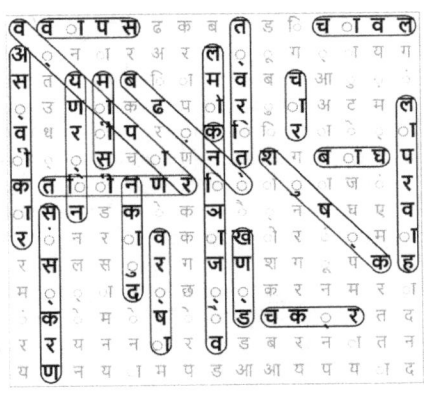

Puzzle 59

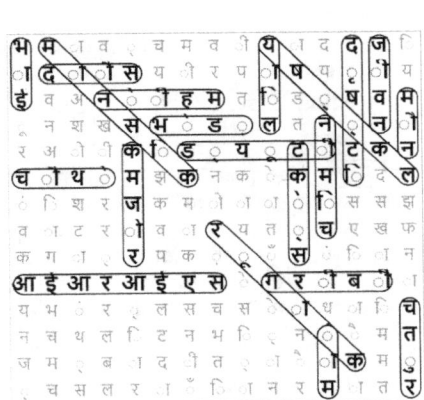

Puzzle 60

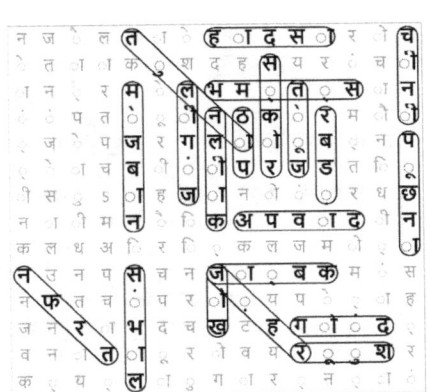

Puzzle 61

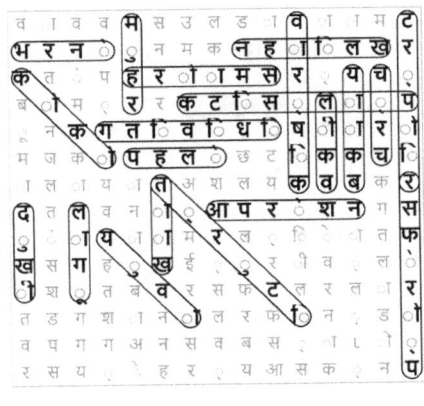

Puzzle 62

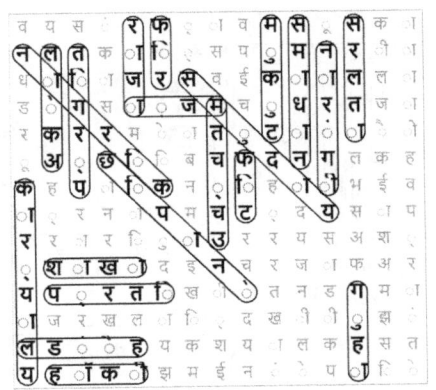

Puzzle 63

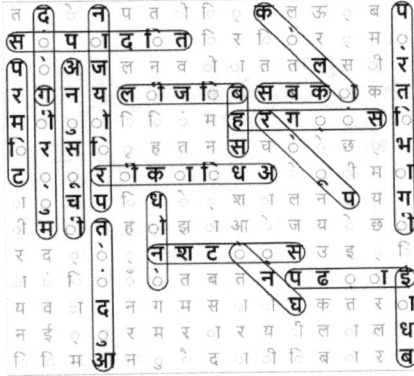

Puzzle 64

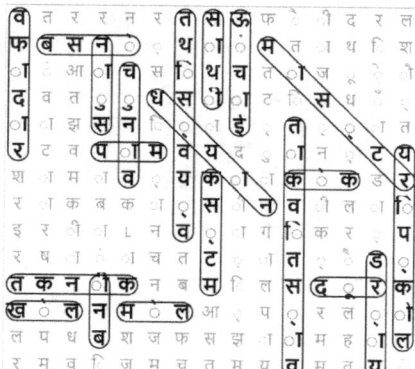

Puzzle 65

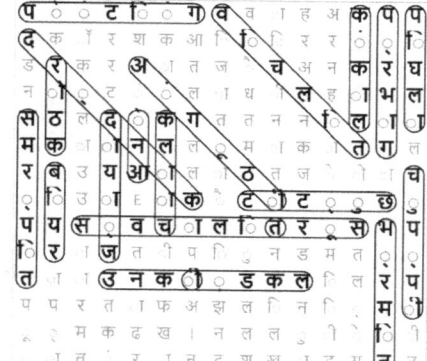

Puzzle 66

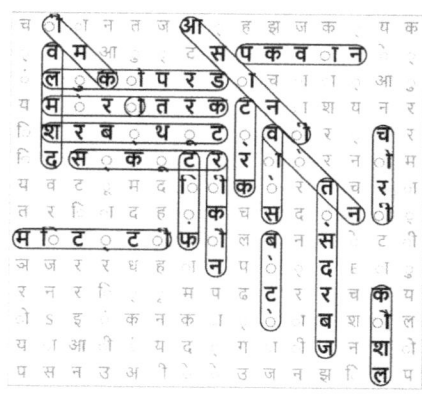

Puzzle 67

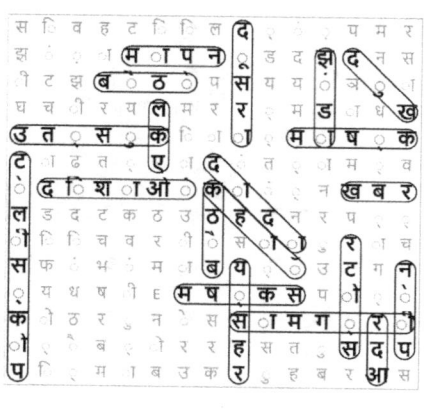

Puzzle 68

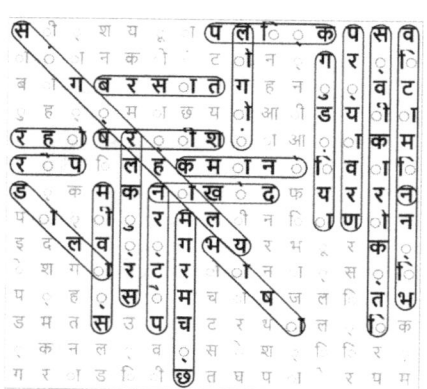

Puzzle 69

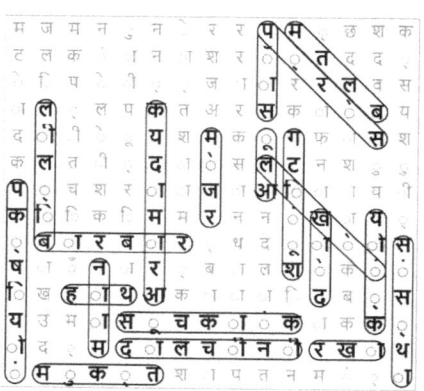

Puzzle 70

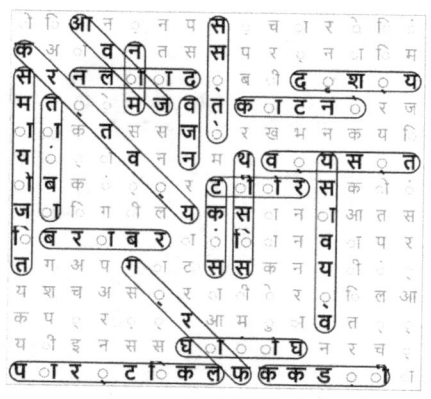

Puzzle 71

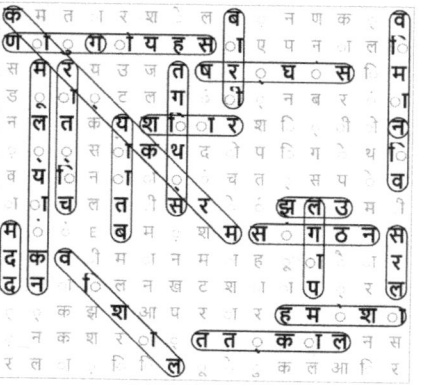

Puzzle 72

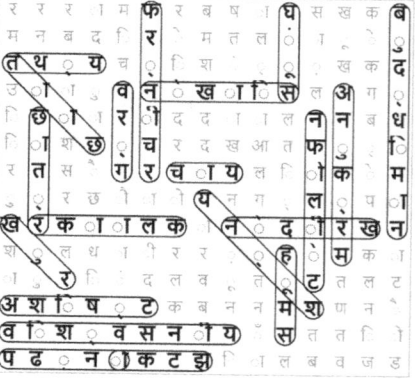

Puzzle 73

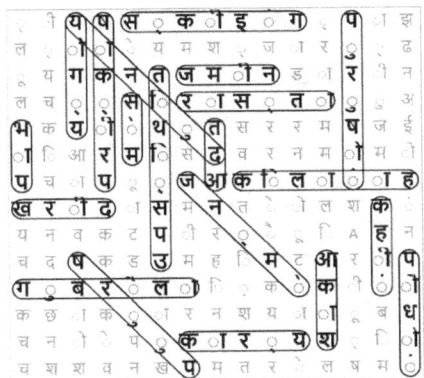

Puzzle 74

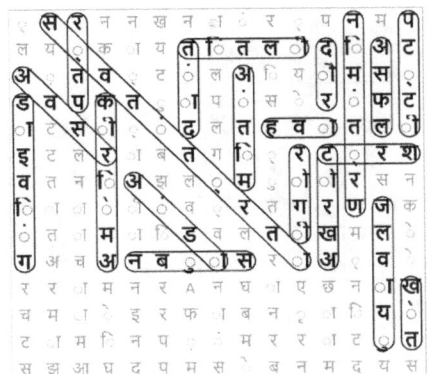

Puzzle 75

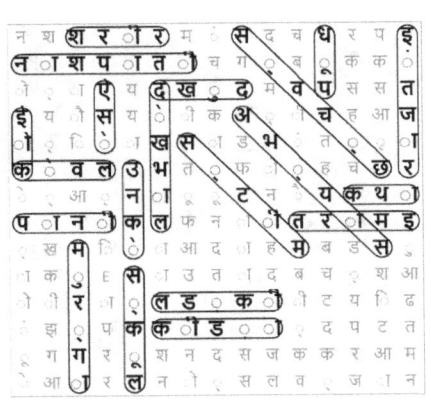

Puzzle 76

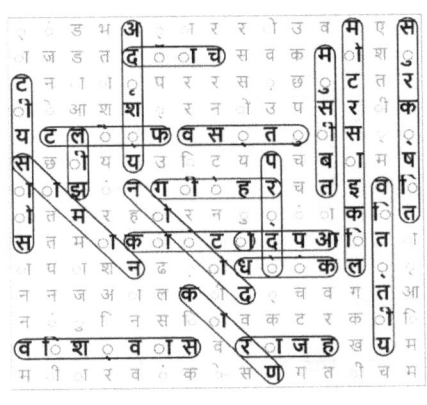

Puzzle 77

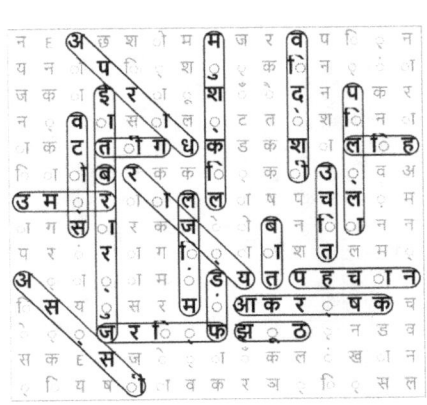

Puzzle 78

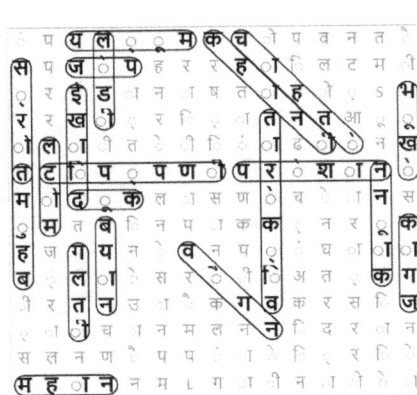

Puzzle 79

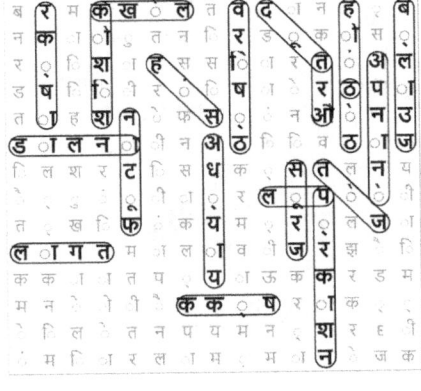

Puzzle 80

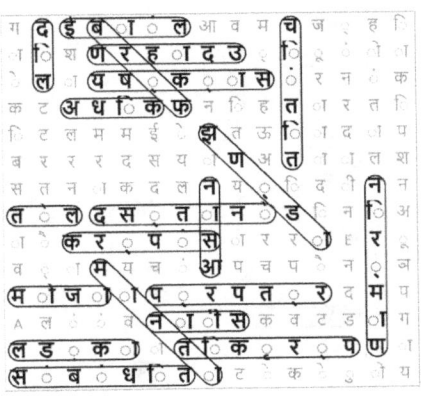

Puzzle 81

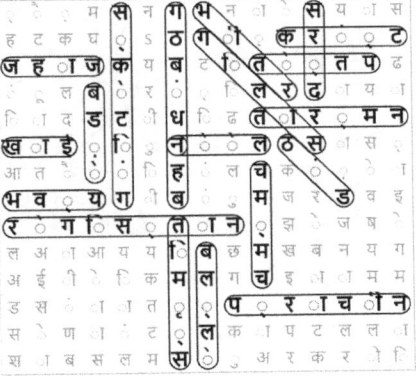

Puzzle 82

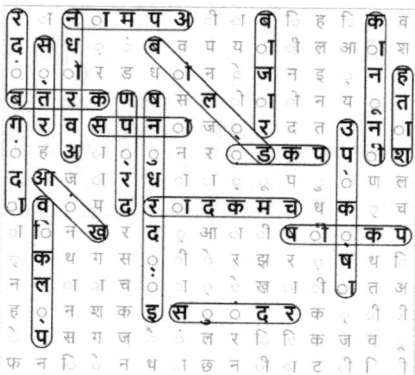

Puzzle 83

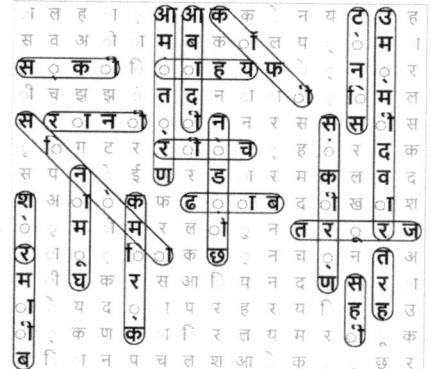

Puzzle 84

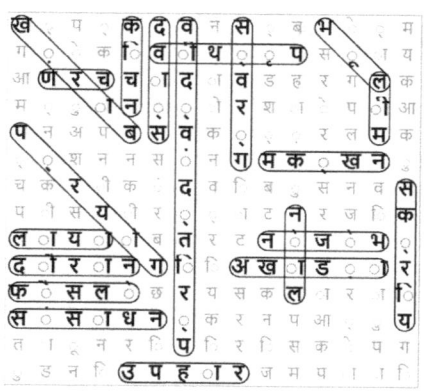

Puzzle 85

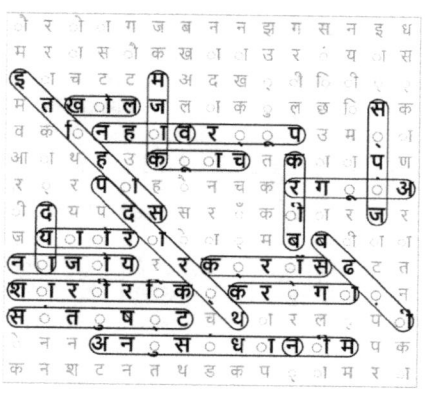

Puzzle 86

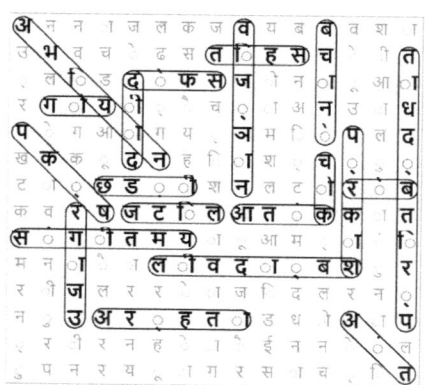

Puzzle 87

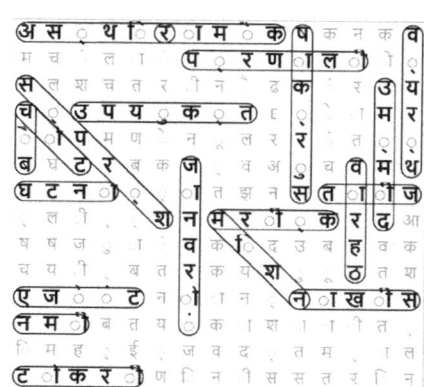

Puzzle 88

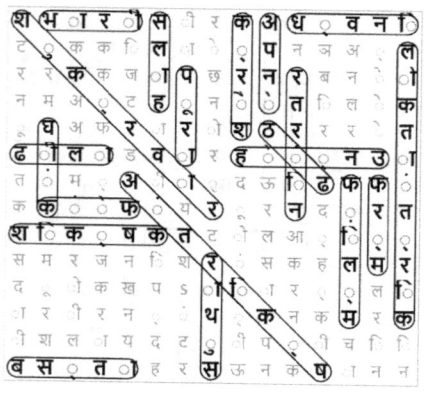

Puzzle 89

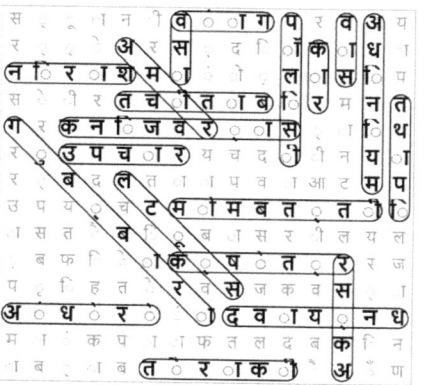

Puzzle 90

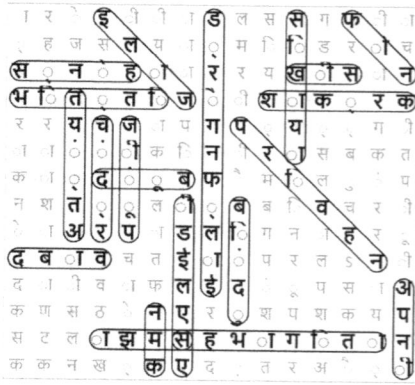

Puzzle 91

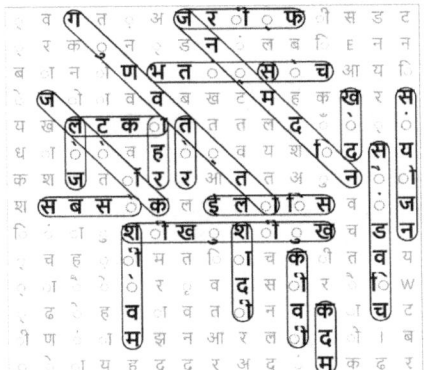

Puzzle 92

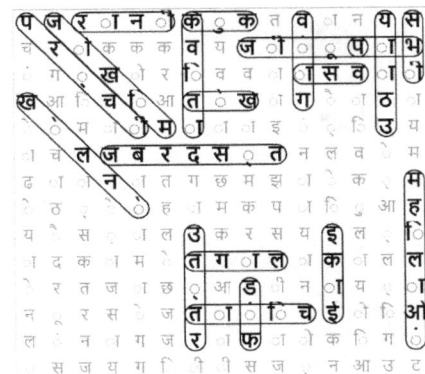

Puzzle 93

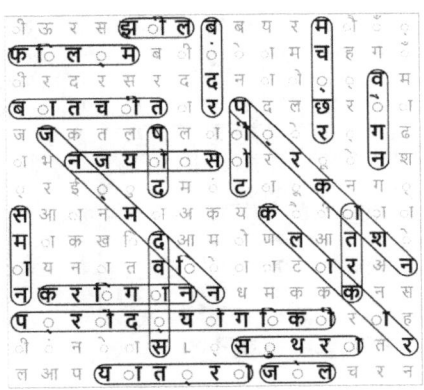

Puzzle 94

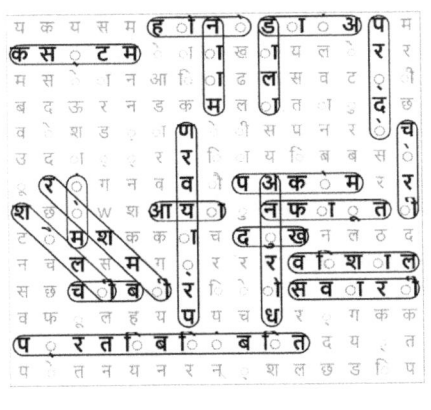

Puzzle 95

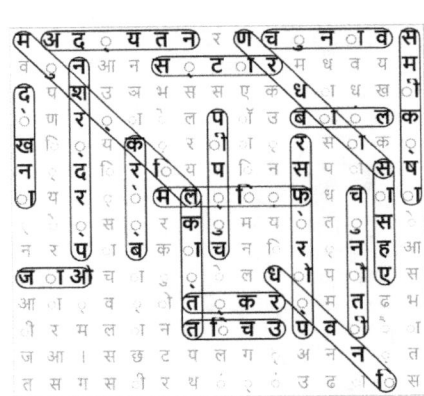

Puzzle 96

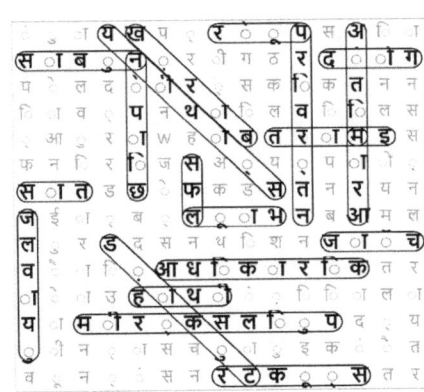

Puzzle 97

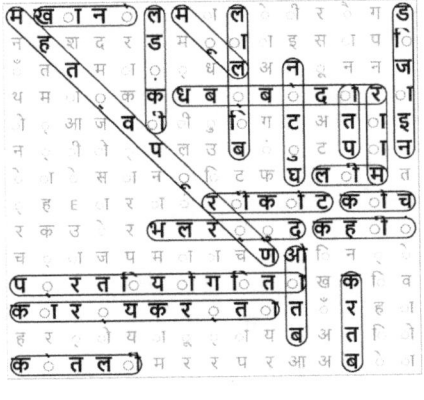

Puzzle 98

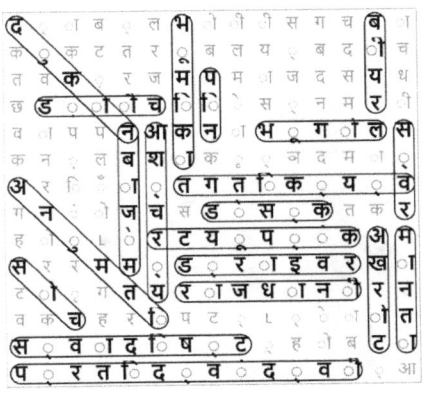

Puzzle 99

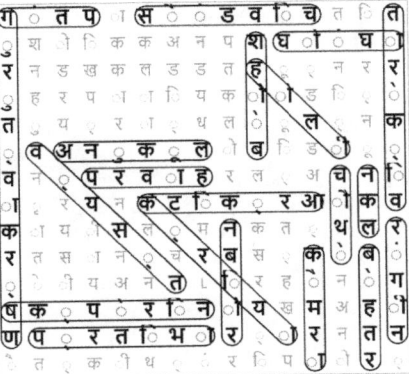

Puzzle 100

ा	फ	े	ख	ा	प	भ	र	ृ	र	क	र	स	स	ा
म	र	आ	उ	आ	त	ू	क	व	ौ	म	य	ु	ह	ज
अ	ि	ि	ब	न	ृ	ख	े	ृ	र	त	स	प	भ	उ
भ	ब	ठ	ल	े	र	े	ा	क	ल	ज	ग	ू	ा	ल
ि	ह	त	ा	प	ि	त	ा	ा	म	अ	श	ध	ग	ा
न	ी	प	ा	ई	क	ट	घ	ख	र	व	व	त	ि	ृ
े	र	त	त	य	ा	ह	त	ज	ं	अ	ह	ड	त	ब
त	ट	ो	ट	ृ	ि	म	छ	ल	ी	म	ह	ो	ा	प
ा	ो	ड	े	स	र	े	र	म	ज	े	प	ो	ह	ल
त	प	ढ	ा	ह	व	ल	ृ	म	ृ	र	फ	श	ट	ृ
ं	प	स	ी	र	न	च	न	र	क	ि	स	ग	ु	ल
ृ	न	ा	र	ण	क	ि	ो	क	ृ	क	व	ट	ृ	ं
स	म	ृ	म	े	ल	न	ट	त	ा	न	र	इ	ु	ृ
आ	ि	न	घ	त	य	े	प	ु	क	ि	त	ू	र	े

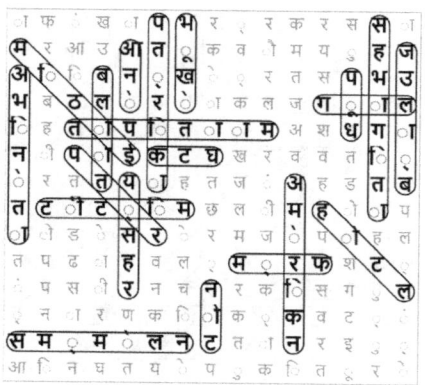

Congratulations

You made it!

We hope you enjoyed this book as much as we enjoyed making it. We do our best to make high quality games.

These puzzles are designed in a clever way to actively spark the brain and make it sharp and quick!
Did you love them?

A Simple Request

Our books exist thanks to the reviews you post on Amazon. Could you help us by leaving a review now?

Here is a short link which will take you to your Amazon orders review page.

BestBooksActivity.com/Review50

MONSTER CHALLENGE!

Challenge #1

Ready for Your Bonus Game? We use them all the time but they are not so easy to find. Here are **Synonyms**!

Note 5 words you discovered in each of the Puzzles noted below (#21, #36, #76) and try to find 2 synonyms for each word.

Note 5 Words from *Puzzle 21*

Words	Synonym 1	Synonym 2

Note 5 Words from *Puzzle 36*

Words	Synonym 1	Synonym 2

Note 5 Words from *Puzzle 76*

Words	Synonym 1	Synonym 2

Challenge #2

Now that you are warmed-up, note 5 words you discovered in each Puzzle noted below (#9, #17, #25) and try to find 2 antonyms for each word. How many lines can you do in 20 minutes?

Note 5 Words from **Puzzle 9**

Words	Antonym 1	Antonym 2

Note 5 Words from **Puzzle 17**

Words	Antonym 1	Antonym 2

Note 5 Words from **Puzzle 25**

Words	Antonym 1	Antonym 2

Challenge #3

Wonderful, this monster challenge is nothing to you!

Ready for the last one? Choose your 10 favorite words discovered in any of the Puzzles and note them below.

1.	6.
2.	7.
3.	8.
4.	9.
5.	10.

Now, using these words and within a maximum of six sentences, your challenge is to compose a text about a person, animal or place that you love!

Tip: You can use the last blank page of this book as a draft!

Your Writing:

Explore a Unique Store
Set Up **FOR YOU!**

NOTEBOOK:

SEE YOU SOON!

Delta Classics Team

ENJOY FREE GAMES

NOW ON ↓

BESTACTIVITYBOOKS.COM/FREEGAMES